智慧科学

ZHI HUI KE XUE

于勤 编著

南京出版传媒集团
南京出版社

图书在版编目(CIP)数据

智慧科学 / 于勤编著. -- 南京:南京出版社,
2018.2
(课本记忆)
ISBN 978-7-5533-2149-3

Ⅰ. ①智… Ⅱ. ①于… Ⅲ. ①科学家—生平事迹—世界—青少年读物 Ⅳ. ①K816.1-49

中国版本图书馆 CIP 数据核字(2018)第 024609 号

书　　名: 智慧科学
作　　者: 于　勤　编著
出版发行: 南京出版传媒集团
南　京　出　版　社

社址:南京市太平门街 53 号　　邮编:210016
网址:http://www.njcbs.cn　　电子信箱:njcbs1988@163.com
天猫 1 店:https://njcbcmjtts.tmall.com/　　天猫 2 店:https://nanjingchubanshets.tmall.com/
联系电话:025-83283893、83283864(营销)　　025-83112257(编务)

出 版 人: 朱同芳
出 品 人: 卢海鸣
责任编辑: 吕　睿
装帧设计: 张　淼
责任印制: 杨福彬
封面插图: 杨晨光

排　　版: 南京布克文化发展有限公司
印　　刷: 常州市武进第三印刷有限公司
开　　本: 787 毫米×1092 毫米　1/16
印　　张: 7.25
字　　数: 100 千字
版　　次: 2018 年 2 月第 1 版
印　　次: 2018 年 9 月第 3 次印刷
书　　号: ISBN 978-7-5533-2149-3
定　　价: 19.80 元

天猫1店　　天猫2店

营销分类:少儿文学

亲爱的小朋友：

我们的语文书就像一个异彩纷呈的大花园，里面种植着无数的奇花异草，徜徉其中，总是花香扑鼻，彩蝶环绕。翻开语文书，一篇篇有趣的课文映入你的眼帘，一个个出色的人物站在你的面前，一幅幅精彩的图画令你眼花缭乱，那么，你有没有发现藏在语文书里的故事呢？梅兰芳蓄须、哥伦布竖蛋、聂荣臻背书保鱼竿、勇敢的徐霞客……这些名人不为人知的有趣故事，你都读过吗？电话是怎么发明的？电灯是谁发明的？西红柿的由来？诺贝尔奖和烂西瓜有什么关系？这些和语文书息息相关的科学故事，你都知道吗？关羽刮骨疗毒、田忌赛马、大禹锁蛟龙……这些为人们津津乐道的历史故事，你都听过吗？知了学飞、蜘蛛结网、螳螂捕蝉、陶罐和铁罐……这些生活中常见的现象，又给了你哪些启示呢？……这一切的一切，在《课本记忆》这套丛书中，你都能找到答案。

还等什么呢？奔跑吧！孩子！我在书中等你。

编者

2018.2

阅读，
从这里开始……

目录

contents

小学四年级语文课本（上册）有一篇课文《天安门广场》。天安门广场位于首都北京的中心，它是世界上最宽广、最壮观的城市广场之一。而说到天安门广场，就不能不提到天安门广场庄严隆重的升国旗仪式。

天安门广场的升旗仪式

北京天安门广场庄严隆重的升国旗仪式，是亿万中国人民特别关注的活动。

1949 年 10 月 1 日，毛泽东主席在天安门城楼上用洪亮的声音向全世界宣告中华人民共和国诞生，亲手升起了第一面五星红旗。从此以后，天安门广场就有了升国旗仪式。

2 分 07 秒是天安门广场的国旗从地面升到杆顶的时间，升降国旗的时间与北京地区一年四季太阳升落时间保持一致。升旗时，按动电钮的时刻遵照太阳上边缘与地平线相切的时刻，国旗升至旗杆顶端历时 2 分 07 秒，是太阳下边缘与地平线相切的时刻。但是，每天太阳出来的时间并不一样，怎样掌握升旗的时间呢？原来的国旗班从天文台要来北京地区一年 365 天太阳升、落时间表，并在每月上、中、下旬各定一个升旗时间。即使如此，还要根据气候的变化，随时进行调整。

天安门广场的升国旗仪式一招一式欣赏性极强，人们概括有“五绝”。一绝：升旗。每一次，当擎旗手以优美的动作，在国歌奏响第一个音符时，将国旗展开抛出，到国歌的最后一个音符终止，都是2分07秒，国旗也准时到达30米高的旗杆顶端；二绝：护旗。国旗护卫队从金水桥行到国旗杆基的围栏，走的正步是138步，落地都是同一个声音，丝毫不差；三绝：敬礼。随着一声“敬礼”的口令，升旗手按电钮，护卫队行持枪礼，军乐队奏国歌都是同一个节拍；四绝：礼毕。国旗升到旗杆顶端与“礼毕”口令，36名托半自动步枪的卫士齐刷刷把枪放下，都是同一时刻。五绝：收旗。1990年通过的《国旗法》规定，升旗时，必须将国旗升至杆顶；降下时，不得使国旗落地。为此，国旗卫士们在降国旗时，练就了过硬的收旗动作，当国旗在2分07秒的时间内降到国旗杆底座时，一名卫士迅速用双手将国旗托住，而后另一名卫士将旗面均匀地打成折叠状，此动作精确在13把至15把之间。

自从天安门广场有了升国旗仪式，当推1999年50周年国庆盛典的升旗仪式最不寻常。这一天升旗时间是上午10点，和以往从天安门城楼出发，过金水桥、越长安街的例行路线不同，这一天国旗护卫队从人民英雄纪念碑平台出发，托枪走下23级台阶，沿广场中轴线踏着红色地毯正步走。在166米的距离上踢正步248步到达国旗基座，擎旗手从旗杆南侧走上基座。国旗护卫队员也由平时的36名增至200名，在军乐队的随同下，迈着整齐而矫健的步伐，和着雄壮而激昂的《歌唱祖国》的节拍，向天安门广场走来。场面蔚为壮观，大长国威和军威。此情此景，是每一位中国人永难忘却的。

思考题

这么庄严隆重的升国旗仪式，你亲眼去看过吗？

小学三年级语文课本（上册）有一篇课文《蒲公英》，这是一个童话故事，讲述了小蒲公英种子因为对太阳公公的嘱托有不同的想法和做法，于是有了不同的命运，告诉我们做事不要被表面现象所迷惑，要实事求是，脚踏实地。对于蒲公英这种植物，你们了解吗？下面我们就去读一个和她有关的小故事吧！

善良的蒲公英

传说在很久很久以前，蒲家村有一个蒲员外，膝下有两个女儿，老大叫蒲俊英，老二叫蒲公英。老大蒲俊英长得非常漂亮，可以说是闭月羞花了。老二蒲公英本来长得也很美，却因为小时候出天花长了一脸麻子。

蒲员外有一个把兄弟叫李虎。李虎有一个儿子叫李青竹。李青竹与蒲家两姐妹从小一起长大，可谓是青梅竹马。

因为蒲俊英长得漂亮有优越感，性格高傲很难与人相处；蒲公英虽然脸上有麻子，却心地善良平易近人，所以李青竹与蒲公英相处的更亲密一些。

三个孩子慢慢长大了，蒲员外决定把两个女儿中的一个嫁给李青竹，让李家父子自己挑选。李青竹当然喜欢蒲公英了，可李虎说什么也不同意。那时候，讲的是媒妁之言、父母之命，最后，李青竹只好娶蒲俊英为妻了。

蒲公英虽然非常喜欢李青竹，但一点办法也没有，谁让自己长了一脸麻子呢。她只能偷偷地躲在没人的地方掉眼泪。

后来，有不少人到蒲家向蒲公英提亲，可没有一个能让蒲公英喜欢的。

日子过得很快，转眼间，几年就过去了，李青竹突然得了一种怪病，浑身上下长满了黄斑。一个过往的郎中说，如果不及时治疗就会浑身腐烂而死，而要想治好这种病必须去遥远的天山，采那冰峰上的雪莲才行。

去天山，不但路途遥远，而且要经历无数的艰难险阻，谁肯去呢?

蒲公英听说了，不顾父母的百般阻拦，毅然决然地踏上了艰难的征程。为了救回李青竹的生命，她不惜牺牲自己的一切。

一路上，蒲公英不知吃了多少苦，也不知遭了多少罪，历尽艰难险阻，她终于来到了天山脚下，可是守候雪莲的女巫却说什么也不让她把雪莲拿走。蒲公英只好跪在雪地里向女巫求情。最后，她的真诚终于感动了女巫。女巫对她说："如果你要拿走雪莲必须答应我一个条件，让我把你变成一种药材，从此浪迹天涯。"为了自己挚爱的李青竹，蒲公英毅然答应了女巫的条件。

李青竹因此得救了，蒲公英也因此变成了以她的名字命名的一种草药，从此开始了漂泊的生命历程。她的种子在风的吹拂下四处飘散，花儿开遍了大江南北，成为最最普通的路边野花，成为百姓用来祛火消炎的良药……

思考题

你知道蒲公英是怎么传播种子的吗？

答 案

蒲公英是菊科植物，我们看到的蒲公英的花实际是个头状花，由很多的小花组成。经过昆虫授粉，里面的种子就可以慢慢成熟，每一颗种子上都带着一团绒毛样的东西，可以被风传播到很远的地方去。这样可以防止种子过于密集影响生长。种子落地后，遇到合适的条件，就长成了一棵新的蒲公英。

小学三年级语文课本（上册）有一篇课文《世界上第一个听诊器》，讲的是一位叫雷奈克的法国医生，善于观察，积极思考，用心研究，发明世界上第一个听诊器的故事。那么，世界上第一部电话又是谁发明的呢？我们一起去看看吧！

世界上第一部有线电话

贝尔是美籍英国电话发明家。22 岁时，他担任美国波士顿大学的语音学教授。

贝尔少年时代天资平平。上小学时，他的学习成绩在班里都是倒数。他不但学习不好，而且淘气、贪玩，书包里常常装着老鼠、麻雀这类小动物。有一次，老师还在台上讲课，贝尔书包里的老鼠钻了出来，在教室里乱窜乱叫，引得同学们哄堂大笑，乱成一团，老师狠狠地训斥了他。

后来，父亲把贝尔送到伦敦祖父那里，由严厉的祖父直接管教。祖父是位严格而又倔强的老头，但他知识渊博，教育孩子也有耐心。很快，小贝尔喜欢起他的祖父，对学习有了兴趣，也明白了不少道理。

渐渐地，贝尔变了，不仅学习成绩好，有发明创造的热情，而且品德优良，经常助人为乐。有一次，他看到一位孤独老人用笨重的水磨在磨面，小贝尔很同情他，约了一群少年伙伴来帮忙。后来，小伙伴们嫌

推磨太苦，纷纷不干了，只有小贝尔一人坚持下来。

回到家里，小贝尔想，怎样才能使水磨省劲呢？为了设计新水磨，他翻阅了大量资料，设计图画了一张又一张。经过 1 个月的反复琢磨，草图终于设计出来了。几个工匠看了都交口称赞。在工匠师傅的努力下，省力的水磨制成了，乡亲们十分感激他，小贝尔也成了大家心目中的英雄。

贝尔年少时，爱好演讲。他父亲是一位演讲家，贝尔少年时，就组织“少年技术协会”，每周演讲一次。小贝尔也很有演讲才能，22 岁被美国波士顿大学聘请，当了语音学教授。父子二人成为美国饶有名气的演讲家。

1875 年 6 月 2 日，28 岁的贝尔经历千万次的失败，终于制成了有线电话。这一天，他和华特生正在进行新的实验。贝尔把一些部件放入硫酸里，不小心，硫酸滴到了他的腿上，他十分疼痛，无意地连声呼救：“华特生，快来，我需要你！”声音通过电线传到了华特生的耳朵里。就这样，人类第一部有线电话制造成功了。

思考题

你知道下面这些人分别发明了什么吗？

富尔顿、瓦特、牛顿、爱迪生、莱特兄弟

答　案

富尔顿——轮船的首创者

瓦特——发明蒸汽机

牛顿——发现万有引力

爱迪生——发明电灯、留声机等

莱特兄弟——发明飞机

小学三年级语文课本（上册）的课本中，有一篇十分优美的童话《小露珠》，讲述了闪亮、透明、圆润的小露珠从形成到消失的过程。小朋友们一定都非常喜欢可爱的小露珠吧？那我们就再去读一个小露珠的故事吧！

露珠和绿叶

野花丛中，有一座小小的彩色玻璃房子，房子里住着美丽的露珠姑娘。

露珠姑娘特别怕晒太阳，可是她的房子是玻璃的，一点儿也挡不住太阳光。

露珠姑娘只好请求车前草，她说：“车前草哥哥，你的叶子大，请你把叶子举起来，帮我的玻璃房子遮遮太阳好吗?”

车前草转动着眼珠，他正准备同顽皮的风孩子玩击掌游戏，那些叶片，全都是他的巴掌，玩起游戏来，他的巴掌可没空，车前草把叶片胡乱举了举说：“唉，瞧，我的个子太矮，没法儿遮住你的玻璃房子，这样吧，你找狗尾巴草哥哥，他个子高，准行。”

露珠姑娘去叫狗尾巴草哥哥，她说：“请你帮我的玻璃房子遮遮阳光好吗?”

狗尾巴草同一朵漂亮的雏菊正在热恋中，雏菊娇滴滴地说：“哎，天真热。”狗尾巴草赶快弯下腰说：“来，我给你扇扇，我给你扇扇。”他卖力地挥动叶片给雏菊扇风。听见露珠姑娘的请求，狗尾巴草头也不抬地说：“哎，真对不起，这几天我腰痛，没法儿站起来帮你遮太阳，你最好找鸢尾草姐姐帮忙吧。”

露珠姑娘又去找鸢尾草，鸢尾草姐姐正在化妆，等会儿蝴蝶小姐要来拜访她，蝴蝶小姐是尊贵的客人，迎接蝴蝶小姐来访可是件大事情，她没有工夫来帮助露珠姑娘。

太阳光越来越强烈，露珠姑娘的玻璃房子被晒得发烫，哎呀，不好啦，露珠姑娘住在发烫的玻璃房子里呼吸困难起来，她脸儿烧得通红，浑身抽搐。

紫花地丁妹妹透过玻璃房子看见露珠姑娘的模样，她着急地举起自己全部的叶子为露珠姑娘遮挡阳光，可是紫花地丁的叶子太纤细，遮挡不了太阳，她只好对车前草、狗尾巴、鸢尾和其他花草喊起来：“别光顾你们自己呀，伸出你们的叶片吧，不要多了，只要每人伸出一片叶子帮露珠姑娘遮遮太阳，这不会影响你们干各自的事，快伸出一片绿叶吧！”

花儿草儿们听见喊声，猛然醒悟过来，纷纷伸出一片绿叶——哇，不得了，虽然只是一片叶子，一合起来只见高高低低、长长圆圆、大大小小的叶片层层叠叠盖在玻璃房子上，一片浓密的绿荫遮住了骄阳！

露珠姑娘得救了，她缓过气来，感激地说：“谢谢，谢谢你们大家！”

从此，露珠姑娘的玻璃房子上有了一片绿荫，它由野花丛中不同的绿叶组成。

为了感谢大家，露珠姑娘每天清晨都将千千万万颗露珠分送给每一棵花草，别以为露珠只是一滴水，仔细看看，这每一滴水里都放进了露珠姑娘赠送给大家的亮晶晶的心。

思考题

你知道露珠是怎么形成的吗？

答　案

在0℃以上，空气因冷却而达到水汽饱和时的温度叫做“露点温度”。在温暖季节里，夜间地面物体强烈辐射冷却的时候，与物体表面相接触的空气温度下降，在它降到“露点”以后就有多余的水汽析出。因为这时温度在0°C以上，这些多余的水汽就凝结成水滴附着在地面物体上，这就是露。

小学三年级语文课本（下册）有一篇课文《跟踪台风的卫星》，由于气象卫星每隔二十五分钟向人们报告一次台风的行踪，所以人们再也不怕台风了。而在下面的这个童话故事里，小动物们又是怎么战胜了凶恶的龙卷风的呢？

大战龙卷风

一天，狮子大王贴出了一张告示：

各位草原公民：

气象预报龙卷风又要来了，我们的美好家园又要被它破坏了。请大家想些对付龙卷风的金点子，让我们的居民都过上安宁平静的生活。

告示的右下角盖着一个狮子大王的大爪印。

龙卷风是个非常讨厌的坏妖怪，上次来大草原，把小动物们晾在外面的衣服通通卷走了，还把小动物的家给吹散了，甚至还把一窝小兔子卷得无影无踪，害得兔妈妈都哭红了眼睛。

看了这张告示，动物们都积极地开动脑筋。

第一个发言的是举重冠军大象重重，他不紧不慢地说：“我们大象身体最庞大，等龙卷风来的时候，所有的大象都排成一排，就是天底下最结实的墙壁，准能把龙卷风挡在墙壁外面。”

一些动物听了，纷纷点头。

接下来发言的是长颈鹿吉吉：“我也有一个好办法。我们用树皮搓一根又粗又长的绳子，一头系在大石头上，一头让一只大鸟衔着，绕着龙卷风飞几个圈，打个结，把龙卷风给绑住！”

狮子大王点点头说：“这个主意也不错！”

斑马达达第三个发言：“我想请猩猩裁缝做一个世界上最大的口袋，等龙卷风来的时候，把袋口张开，把龙卷风关在口袋里，不许它再出来干坏事！”

“不错不错！”狮子大王满意地说。

这时，小鼹鼠丁丁钻出来大声喊：“狮子大王，我也有个好办法！”

所有的动物都笑了：“哈，这么小的小不点也想治龙卷风，当心被龙卷风刮跑了！”

小鼹鼠丁丁胸有成竹地说：“我的办法呀，能把龙卷风变成温柔的微风姐姐。”

“啥？”所有的动物都瞪大了眼睛。

小鼹鼠丁丁不慌不忙地说：“我们在草原上种上一排一排的树，等过几年，树都长高了，就能把龙卷风妖怪变成温柔的微风姐姐啦！”

小鼹鼠丁丁话音刚落，动物们就交头接耳起来：“这算什么好点子？”“还得等几年？”

狮子大王站起来，威严地说：“这些办法到底行不行，等龙卷风来了，试试就知道了。”

龙卷风来了，像个巨大的烟囱从远处飞来！

重重率领所有的大象迈着沉重的脚步排成了长长的一排，可是龙卷风大声吼叫着就从大象墙上跳过去了，还把所有大象的鼻子都吹得直冲上天，好像一排炮管！

吉吉准备了一根又粗又长的绳子，一端系在大石头上。可是，狂风吹得所有的鸟儿都没了方向，更不用说去绕绳子了，行动只好取消！

达达拿出了一只超级大的口袋，袋口正朝着呼啸而来的龙卷风。只听“呼——哗啦”，世界上最大的口袋被龙卷风给刮上了天！

大家的计划都失败了，动物们垂头丧气了好一阵子，忽然想起：咦，小鼹鼠丁丁呢？

丁丁带着鼹鼠们已经种了许许多多的树了，可他们还是不停地种着，种着。两年过去了，鼹鼠们种的树都长高了，好像一排排绿墙，十分好看。动物们都很喜欢在绿墙边散步，它们还惊奇地发现，自从草原上有了这些树，龙卷风妖怪一次也没来过，每天，只有温柔的微风姐姐陪伴着他们。

小鼹鼠丁丁获得了狮子大王颁发的荣誉勋章，勋章太大太重了，丁丁戴不了，他把勋章挂在自己家的客厅里，让每个客人一进门就能看见它。

思考题

你知道哪些描写“风”的四字词语？

答　案

风吹草动　风调雨顺　风和日丽　风雨无阻　寒风刺骨

谈笑风生　春风拂面　微风徐徐　金风送爽　暴风骤雨

小学三年级语文课本（下册）有一篇童话故事《水上飞机》，介绍了水上飞机的外形和各种本领。其实，提起飞机，大家一定会想起两个人，那就是莱特兄弟。正是因为他们两个人执着的追求和不懈的努力，才终于让人类插上翅膀，飞上了蓝天。

莱特兄弟的飞翔梦

在一个风和日丽的日子里，两个孩子猛追着在晴空中越飞越远的一只断线风筝……

“你俩要是带翅膀的小天使就好了！”

“快变成一只能远走高飞的老鹰吧！你们就准能把风筝逮住！”……

几个过路人，见到这番情景，竟哈哈大笑地挖苦这两个气喘吁吁的孩子。

“对，人们为什么不能像鸟儿似的长出一双翅膀在空中飞翔呢?”从这时起，一个“飞”向天空的幻想在这两个幼小的心灵里萌发了。从此，他们开始留心观察鸟类高飞和滑翔时双翅的变化，并精心制作各种会“飞”的玩具。他俩长大后，仍然继续研究飞翔的原理。

科学的幻想经过人们的勤奋努力，终于变成了现实。1903 年，世

界上第一架飞机诞生了。这架螺旋桨飞机的发明家，正是二十年前，奋力追逐风筝的两个美国孩子——莱特兄弟。

莱特兄弟并没有因此而停下脚步，他们还在为着自己的飞翔梦孜孜不倦地继续探索着、研究着。1908 年 9 月 10 日这天，天气异常晴朗，飞机飞行的场地上围满了观看的人们。人家兴致勃勃，等待着莱特兄弟的飞行。

10 点左右，弟弟奥维尔驾驶着他们的飞机，在一片欢呼声中，自由自在地飞向天空，两支长长的机翼从空中划过，恰似一只展翅飞翔的雄鹰。

人们再也抑制不住他们的激动心情，昂首天空，呼唤着莱特兄弟的名字，多少人的梦想终于变为现实。

飞机在 76 米的高度飞行了 1 小时 14 分，并且运载了一名勇敢的乘客。当它着陆之后，人们从四面八方围了起来。过后不久，莱特兄弟在政府的支持下，创办了一家飞行公司，同时开办了飞行学校，从这以后，飞机成了人们又一项先进的运输工具。莱特兄弟的飞翔梦也终于成真了!

思考题

你知道水上飞机有哪些种类吗?

答　案

水上战斗机、水上运输机、水上救护机、水上灭火机等小学五年级语文课本（上册）有一篇课文《金蝉脱壳》，介绍了金蝉脱壳的过程，展示了那奇特动人的情景。其实，蝉和人类在很久很久以前就结下了不解之缘，下面，我们就一起去读一个关于人类和蝉之间的小故事吧！

蝉的故事

夏天到了，受不了憋闷的蝉一个个急急忙忙从土里钻出来，又急急忙忙爬到树梢上，“热死了，热死了”地叫起来。一时间，蝉们赶场子似的欢叫起来，世界仿佛眨眼间成了一个声的海洋。嘶哑的叫声使得原本闷热不堪的天气越发显得闷热难耐。

听着蝉的聒噪声，人们的心情糟糕透了，一个个都烦躁不安。很多小孩子纷纷举起细长的竹竿粘蝉，甚至连不少老人、青壮年也加入到捕蝉者的行列。一场自发组织的声势浩大的灭蝉运动在这个夏天悄悄酝酿并拉开了序幕。一只只蝉、一个个幼虫成了人们的俘虏和饭店餐桌上的美味佳肴。

人类疯狂的灭蝉举动震撼了整个蝉界。蝉界正在遭受着一场空前的灭顶之灾。蝉们一个个惶惶不安，蝉王紧急召集各地首领连夜召开会议，商讨保全蝉种族的对策。会议一直开了三天三夜。大家一致认为，

人类之所以讨厌蝉，是因为它们的叫声不美，不受人类的欢迎。它们想，要是我们蝉的叫声也能像人类歌唱家的歌声一样动听就好了。蝉丞相提议在全国举行歌手大奖赛，培养一批蝉界歌唱家，和人类一起联谊，一起同台展示各自美妙的歌喉，到那时人与蝉和谐共处，该是一个多么美妙的情形啊。蝉丞相的这一提议立刻得到了蝉首领的赞同。于是，一场席卷蝉界全国的歌手大奖赛开始了。

为了能够成为蝉界最优秀的歌手，为了向人类一展歌喉，更为了拯救整个蝉界，一只又一只蝉加入到了歌手选拔赛的行列，它们不分白天黑夜，不管刮风下雨，甚至冒着被捉的危险，昼夜不停地勤奋练习歌唱。千万只蝉一起嘶鸣，这是何等壮观的景象啊。现在整个世界早已经变成了蝉的世界了。

首届蝉界歌手大奖赛在赤日炎炎的七月如期举行。蝉们争相登台亮相，一展歌喉。它们的歌声的确美妙了许多。连它们自己也很惊讶自己的歌声竟然如此美妙如此动听，简直盖过了人类最出色的歌唱家的歌声。它们沉浸在成功和喜悦之中。

经过七天七夜的激烈角逐，蝉界首届歌手大奖赛十佳歌手产生了。这些歌唱家们不仅歌声美妙绝伦，并且一个个美丽无比，尤其是那一个个的身体、一对对薄薄透亮的羽翅引来无数蝉的赞扬和掌声。

蝉界正式给人类下达了邀请书，请他们在七月中旬的某天在子虚河边的乌有林中举行蝉人联谊大会，届时由获得首届蝉界十大歌手的歌唱家们登台献艺。

联谊会时间到了。这是自然界和人类社会首次举行如此规模的盛会。几乎所有的蝉都赶来了。这些可爱的精灵一个个身穿节日的盛装，载歌载舞，欢庆这个神圣的节日。人们很高兴地接受了蝉界的邀请，按时到达了联谊会地点。

谁也想不到，就在联谊会即将开幕的那一刻，成千上万根竹竿悄悄伸进了会场。那打扮得花枝招展的十大歌手还有数不清的兄弟姐妹都愣了，没等它们反应过来，一个个被粘在了长竹竿上，无论它们怎样挣扎都无法逃脱。它们被捉住装进铁桶、塑料袋里，然后运到了酒吧饭店。它们的命运可想而知。它们到死也想不到，那些从背后伸向自己的竹竿的主人居然是它们热情邀请来参加联谊会的那些面带微笑的人类！

那一次，蝉界遭到了有史以来最严重的一次重创，蝉儿所剩无几。那几只仅剩的蝉带着满腔悲愤、忧伤和绝望含泪逃离了那片可怕的树林，飞到了一个遥远的地方，那里没有人类，没有危险，只有大片的树木和草原。

从那以后，人们难得听到一次蝉的歌唱，也难得看到那两片薄薄透明在阳光下飞舞的翅膀，整个自然界一下子沉寂下来。人类陷入了空前的惶恐、不安和孤独之中。

人们终于醒悟了。他们纷纷折断了竹竿，收起了阴谋和贪婪，带着一颗颗火热的爱心、愧疚和责任，急切地扑向大自然，向着动物，向着花草树木，敞开宽厚温暖的怀抱，热切而友好地拥抱那些或强或弱或大或小的生灵。人与自然界万物之间呈现出前所未有的和谐和温馨。

时光如流水。也不知到底过了多少年，一千年？或许一万年？突然有一天，田野里、树丛里、村子里、城市的小河边，到处骤然响起了蝉们赶场似的嘹亮的歌声，那两片薄薄透明的翅膀又天使般地重新出现在人们的视野里。人们哭着笑着，欢呼着、跳跃着，奔走相告，像欢庆某个重大而神圣的节日一般，沸腾着……

思考题

有一首诗，题目就叫《蝉》，你会背吗？

答　案

蝉

虞世南

垂緌饮清露，流响出疏桐。

居高声自远，非是藉秋风。

小学五年级语文课本（上册）有一篇课文《黄果树瀑布》。黄果树瀑布因其气势非凡，雄伟壮观而被称为“中国第一大瀑布”，吸引了无数中外游客。其实，在拉丁美洲的巴拉那河上，也曾经有过一条世界上水流量最大的瀑布——塞特凯达斯瀑布。

特殊的葬礼

1986 年 9 月，在拉丁美洲的巴拉那河上，举行了一次特殊的葬礼。巴西总统菲格雷特穿着黑色的葬礼服，亲自主持了葬礼仪式。这个葬礼是为一条瀑布——塞特凯达斯瀑布举行的。

这到底是怎么回事呢?

原来，塞特凯达斯瀑布曾经是世界上水流量最大的瀑布，汹涌的河水从悬崖上咆哮而下，滔滔不绝，一泻千里。尤其是每年汛期，塞特凯达斯瀑布气势更是雄伟壮观，吸引了世界各地的许多游客。人们在这从天而降的巨大水帘面前，流连忘返。

但这雄伟的景观，竟然不辞而别。瀑布周围的许多工厂用水毫无节制，浪费了大量的水资源。沿河两岸的森林被乱砍滥伐，又造成了水土大量流失。大瀑布的水量因此逐年减少。

几年过去了，塞特凯达斯瀑布逐渐枯竭，再也见不到昔日的壮观气势了。它在群山之中无奈地低下了头，像生命垂危的老人，奄奄一息，等待着最后的消亡。许多慕名而来的游客，见到这样的情景，都失望地离去。

科学家们预测，过不了多久，瀑布将完全消失。消息传开，许多人感到十分震惊和痛心，同时也唤起了人们保护环境的责任感。他们痛苦地接受了现实，纷纷加入到宣传“保护环境、爱护地球”的行动中。

1986年9月下旬，来自世界各地的几十名生态学、环境学的专家教授，以及大批热爱大自然的人在大瀑布脚下汇集，一起哀悼即将消失的塞特凯达斯大瀑布。

在葬礼上，菲格雷特总统用饱含深情的语调，回忆了塞特凯达斯瀑布曾经给巴西和世界人民带来的欢乐和骄傲，号召人们立即行动起来，保护自然生态，爱护我们赖以生存的地球，使大瀑布的悲剧不再重演。

思考题

你知道世界三大瀑布是哪三条瀑布吗？

答　案

尼亚加拉瀑布、维多利亚瀑布、伊瓜苏瀑布

小学五年级语文课本（上册）有一篇课文《诺贝尔》，讲述了诺贝尔发明炸药及设立诺贝尔奖的故事。一百多年来，诺贝尔奖奖金颁发给了许多为人类做出巨大贡献的科学家，下面这个故事中的瓦尔特·弗洛里就曾经是诺贝尔生物和医学奖的获得者。

烂西瓜和诺贝尔奖

1928 年，英国细菌学家亚历山大·弗莱明发现青霉菌能分泌一种物质杀死细菌，他将这种物质命名为“青霉素”，但他未能将其提纯用于临床。1929 年，弗莱明发表了他的研究成果，遗憾的是，这篇论文发表后一直没有受到科学界的重视。

10 年后，德国化学家恩斯特·钱恩在旧书堆里看到了弗莱明的那篇论文，于是开始做提纯实验。1940 年冬，钱恩提炼出了一点点青霉素，这虽然是一个重大突破，但离临床应用还差得很远。

1941 年，青霉素提纯的接力棒传到了澳大利亚病理学家瓦尔特·弗洛里的手中。在美国军方的协助下，弗洛里在飞行员外出执行任务时从各国机场带回来的泥土中分离出菌种，使青霉素的产量从每立方厘米 2 单位提高到了 40 单位。

虽然这离生产青霉素还差得很远，但弗洛里还是非常高兴。一天，弗洛里下班后在实验室大门外的街上散步，见路边水果店里摆满了西瓜。“这段时间工作进展不错，买几只西瓜慰劳一下同事们吧！”想着，他走进了水果店。

这家店里的西瓜看样子都很好，弗洛里弯下腰，伸出食指敲敲这只，敲敲那只，然后随手抱起几只，交了钱后刚要走，忽然瞥见柜台上放着一只被挤破了的西瓜。这只西瓜虽然比别的西瓜要大一些，但有几处瓜皮已经溃烂了，上面长了一层绿色的霉斑。

弗洛里盯着这只烂瓜看了好久，又皱着眉头想了一会，忽然对老板说：“我要这一只。”

“先生，那是我们刚选出的坏瓜，正准备扔掉呢！吃了要坏肚子的。”老板提醒道。

“我就要这一只。”说着，弗洛里已放下怀里的西瓜，捧着那只烂瓜走出了水果店。

“先生，您把那几只好瓜也抱走吧，这只烂瓜算我送你的。”老板跟在后面喊。

“可我抱不了那么多的瓜啊，再说，要是把这只打烂了怎么办？”

“那、那我把刚才的瓜钱退给您吧！”老板举着钱追了几步，但弗洛里已走远了。老板摇了摇头，有些不解地望着这个奇怪的顾客远去的背影。

弗洛里捧着这只烂西瓜回到实验室后，立即从瓜上取下一点绿霉，开始培养菌种。不久，实验结果出来了，让弗洛里兴奋的是，从烂西瓜里得到的青霉素，竟从每立方厘米 40 单位一下子猛增到 200 单位。

1943 年 10 月，弗洛里和美国军方签订了首批青霉素生产合同。青霉素在二战末期横空出世，迅速扭转了盟国的战局。战后，青霉素更得到了广泛应用，拯救了数以千万人的生命。因这项伟大发明，弗洛里和弗莱明、钱恩分享了 1945 年的诺贝尔生物及医学奖。

思考题

你知道 2015 年，中国哪一位科学家因什么成就而获得诺贝尔奖吗？

答　案

中国女科学家屠呦呦因发现治疗疟疾的青蒿素，获得 2015 年诺贝尔生理学或医学奖。

小学五年级语文课本（上册）有一篇课文《去打开大自然绿色的课本》。大自然是一本绿色的课本，地球是我们共同的家园，她需要人类和动物一起来爱护。你们看，这些动物朋友一直都在默默地帮我们清理着地球上的垃圾呢！

动物清洁工

有一天，动物环境保护局贴出告示，要招收一批清洁工。

听到这个消息，很多动物都争先恐后地跑来报名。

大猩猩是这项工作的主考官。他向前来报名的动物们打了个招呼，然后笑着问大家："请说一说，你们都有些什么本领呢？"

海鸥第一个举手发言："我能把人们乘船时扔到海里的剩菜吃掉。我做海洋清洁工最合适。"

"我呀，生活在淡水河里，"鲫鱼羞答答地说，"河里的水草、水虫和垃圾是我爱吃的食物。我做江河里的清洁工最合适。"

听了他们两个的发言，主考官大猩猩满意地点了点头。

这时，乌鸦走上前说："别看我模样丑，我挺爱吃地上的蝇蛆、地蚕什么的，做地面清洁工最合适。"

"我能吃掉地下的垃圾，再把它们变成肥料，让植物长得更茂盛。"

蚯蚓不慌不忙地说，“你们看，我做地下清洁工怎么样?”

“嗯，可以，可以。”大猩猩点点头。

这时，地上一个黑不溜秋的小家伙发言了：“请别忘记写上我的名字。”

“你，屎壳郎?”乌鸦低头瞅了它一眼，嘲笑说：“嘿嘿！小不点儿，你也想当清洁工?”

“是呀，我能把牧场上的牛羊粪滚成粪球儿，埋到地底下。我做牧场清洁工难道不行吗?”屎壳郎理直气壮地说。

“行，当然行！”大猩猩一一记下了它们的名字，高兴地对大家说：“你们都是很合格的地球清洁工。有了你们，地球的环境一定会变得更加干净、更加美好！”

思考题

你知道屎壳郎为什么要推粪球吗?

答　案

粪球是屎壳郎后代孵化的场所，屎壳郎以这种方式给它们的幼仔提供食物。屎壳郎，通常以污物或垃圾为食。找到人、畜的粪便后，它们就将它做成粪球。它们会把粪球滚到预定地点，然后在粪球上挖个洞，把卵产在里面，然后，把球用土埋起来。幼虫孵出后，它们就以粪球为食。等到粪球被吃光，它们已经长大为成年屎壳郎，破土而出了。

小学六年级语文课本（上册）有一篇寓言故事《螳螂捕蝉》，告诉我们不能只看重眼前利益的故事。其实，关于螳螂，从古至今，有很多有趣的故事。下面我们就一起来读一个螳臂当车的故事吧！

螳臂当车

有一次，齐庄公带着几十名随从进山打猎。一路上，齐庄公兴致勃勃，与随从们谈笑风生，驾车驭马，好不轻松愉快。忽然，前面不远的车道上，有一个绿色的小东西，近前一看，原来是一只绿色的小昆虫。那小昆虫正奋力高举起它的两只前臂，怒气冲冲地挺直了身子直逼马车轮子，一副要与车轮搏斗的架势。

小小一只虫子，竟然敢与庞大的车轮较量，那情景十分感人。这有趣的场面引起了齐庄公的注意，他问随从："这是什么虫子？"

随从回答说："大王，这是一只螳螂。"

庄公又问："这小虫子为何这般模样？"

随从回答说："大王，它要和我们的车子搏斗，它不想让我们过去呢。"

"咦？真有趣！为什么会这样呢？"庄公饶有兴趣地问随从。

随从回答说："大王，螳螂这小虫子，只知前进，不知后退，体小心大，自不量力，又轻敌。"

听了随从这番话，庄公反而被这小小螳螂打动，他感慨地说道："小小虫儿，志气不小，它要是人的话，一定会成为最受天下尊敬的勇士啊！"说完，他吩咐车夫勒马回车，绕道而行，不要伤害螳螂。

后来，齐国的将士们听说了这件事，都非常感动。从此，他们打起仗来更加奋不顾身，都愿以死来效忠齐庄公。

人们常说"螳螂当车，不自量力"。然而我们从另一面来看，螳螂挡车之勇，也实在可赞可叹，这种置生死于不顾、敢于抗争的勇气，不是应该对我们有所启发吗？

思考题

你还知道哪些像"螳螂捕蝉、黄雀在后"这样的八字词语？

答　案

螳螂当车，不自量力

鹬蚌相争，渔翁得利

一夫当关，万夫莫开

一人得道，鸡犬升天

一叶障目，不见泰山

千里之行，始于足下

小学六年级语文课本（下册）有一篇课文《海洋——21世纪的希望》。千百年来，人们热爱海洋，又敬畏海洋。不过，人类要开发和利用海洋，首先必须保护海洋，珍惜海洋资源。只有这样，海洋才会乐于做出它的奉献。下面我们就来读一个关于海啸的故事。

海啸自救

据美联社报道，英国女孩蒂莉·史密斯10岁时用地理知识挽救了100名游客的生命：因为蒂莉迅速发现了海啸的危险征兆，使泰国度假胜地大约100名游客免遭灭顶之灾。11月4日，蒂莉造访了联合国总部，并和美国前总统、现海啸重建特使克林顿见面。

“我妈妈当时不知道发生了什么，因为在小时候她没有受到海啸知识教育。”蒂莉说。蒂莉现在和妈妈、爸爸和妹妹全家在纽约。由于小蒂莉及时发现了海啸征兆，她们全家在普吉岛躲过了生死之劫。

在2004年12月26日造成17万8千人死亡的印尼大海啸爆发两星期前，小蒂莉在学校的地理课上学习了海啸知识。她观看了以前的海啸录像。

当蒂莉全家在普吉岛居住的旅馆附近的海滩散步时，小蒂莉已经有

了海啸的知识。突然，“我看见海水泛起了水泡，咝咝作响，就像煎东西一样，”小蒂莉回忆道。“海水不停地朝旅馆涌来，丝毫没有消退的迹象，势头越来越猛。”

她知道这是海啸几分钟之后就会到来的迹象。小蒂莉转向妈妈喊道：“不好了，海啸马上要来了！”小蒂莉的父亲科林回忆说：“蒂莉变得歇斯底里。”当时，他决定带蒂莉8岁的妹妹返回旅馆。

科林把蒂莉的警告告诉了旅馆的工作人员，蒂莉冲回有100多游客的海滩。蒂莉把警报告诉旅馆的日本厨师，“他懂tsunami这个词，因为那是日语单词。”

这名厨师和附近旅馆的安保人员传播了这条警报，海滩游客迅速撤离，几分钟之后，巨浪袭击了海滩。小蒂莉全家居住旅馆附近的海滩是泰国仅有的几个没有造成人员伤亡的海滩。

11月3日，小蒂莉在联合国总部受到了国际减灾战略的官员的欢迎，这是一个设在日内瓦的联合国办事机构，正致力于教育全世界人民正确的减灾常识。

“小蒂莉的故事提醒人们教育可以导致生与死的差别，”克林顿在会见蒂莉前说，“所有的儿童都应该受到减灾知识教育，他们就会知道当发生自然灾害时如何去做。”

思考题

你知道哪些和海洋有关的四字词语？

答　案

广阔无垠、波澜壮阔、一望无垠、一望无边、气势磅礴、源远流长、碧波荡漾、波涛汹涌、水平如镜、波浪滔天、惊涛骇浪、沧海桑田……

小学三年级语文课本（上册）有一篇课文《石头书》，石头上不仅有“字”，有“画”，还会告诉我们哪座山下埋着煤炭，哪块地下藏着矿石。而在下面的这个故事里，石头还帮助包青天抓住了小偷呢！你说神奇不神奇？

审石断案

宋朝时，端州城郊有一个十多岁的小男孩，名叫张小友，他父亲靠卖炸糍粑来维持生活。

有一天，张小友放学后，他帮助父亲提糍粑上街叫卖。这一天生意特好，晌午刚过就卖完了。小友在回家路上，看见路旁的大树下面有一块长方形的大石头，便坐下来休息。谁知他一坐下来，竟不由自主地打起了盹。等他醒来时，一摸篮子里的钱，发现钱被偷去了，小友忍不住大哭起来。正当他哭得伤心时，包公恰好路过此地，便叫马汉过去询问原因。

小友哭着对包公说：“大人，我卖油炸糍粑的铜钱，被偷去了。”包公听后，沉吟了一下，忽然有了主意，便叫王朝、马汉把石头抬到一间祠堂里面说是要审它。霎时间，包公审石头的消息，一传十，十传百，人人皆知，第二天，百姓都争先恐后地涌进祠堂，都想亲眼看看包大人审石断奇案。

包青天威风凛凛地坐在临时摆设的公堂上，把惊堂木一拍，大声喝道：“你这块石头，小张坐在你身上打盹，弄得他卖糍粑的钱不见也，定是你偷了，快从实招来，以免受刑。”包公一连问了三声，石头却沉默不言。

包公看见石头不作声，顿时怒目一睁喝道：“这块顽石死不开口，打它三十大板。”石头挨打后，仍旧没有作声。

包公又喝道：“再打三十大板，看它招也不招。”

这时，看的人挤了一祠堂。包公笑着开口说：“列位乡亲父老，这顽石偷了钱，死不承认，我看这小张真可怜，大家就伸出友爱仁慈的手，每人送他一枚钱，好不好？”大家听后都异口同声地说：“好！我们听包青天的话。”包公叫王朝马汉守住祠堂左右两边的小门，不准任何人出去；在大门口放了一只装了水的木桶。包公走到木桶前，带头投了一枚铜钱下去，然后坐在椅子上，目不转睛地看老百姓，出一个人就投一枚钱于水桶中。一人、两人、三人……

当有一个汉子将铜钱投入水中时，包公发现水面上浮现了一层油膜。包公便大喝一声：“把这偷钱的贼抓起来，带上公堂！”这一大喝，令众人莫名其妙，议论纷纷，每人心里都想：包大人是凭什么说这汉子是偷钱贼呢？

包公重新升堂，开口问汉子：“你叫什么名字，家住哪里？”

“我叫王小三，家住王家村。”

“你是如何偷张小友的钱的，从实招来。”

“大老爷，小人没有偷他的钱，真是冤枉啊！还望大人明鉴。”

“证据在此，你还想抵赖。”

于是包公拿起那块起油膜的铜钱，大声地说：“各位乡亲父老，张

小友是卖油炸糍粑的，铜钱丢入篮中，难免沾有油渍，钱一旦投入水中，就会浮现油膜。我想每个人出门带钱，若发现钱上有油渍，大都会洗干净的，免得弄脏衣服。因此我便心生一计，引来乡亲父老及过路行人，都来看‘审石头’怪案。偷钱的贼大概也会混进来看稀奇的，如果是这样，就正合我意了！各位乡亲，今天能破案全凭大家支持合作，谢谢！”

王小三听完包公的话，吓得面如土色，连忙趴在地上，叩头如捣蒜，承认自己偷了张小友的钱，恭恭敬敬地把钱拿了出来，听从包青天的处罚。

老百姓看见包公破案这样神速，都欢天喜地说：“我们端州来了一位好清官。”一位老人顺口溜道：“端州来了包大人，百姓从此见青天；男耕女织勤劳动，岁岁丰收谷满仓。”

思考题

你知道石头书上的“字”是指什么吗？

答　案

石头书上的“字”是指雨痕、波痕和矿物。

小学三年级语文课本（下册）有一篇课文《大作家的小老师》，讲述了英国著名作家萧伯纳和一个苏联小姑娘娜塔莎的故事。下面我们要读的这个故事，则是世界著名作家海伦·凯勒和她的老师安妮·莎莉文之间的故事，可以这样说：没有莎莉文，就没有海伦·凯勒。

安妮·莎莉文与海伦·凯勒

1886年，安妮·莎莉文从柏金斯盲人教师学校毕业了。正在她为找工作而烦恼之时，她收到了柏金斯校长安那诺斯先生的来信，信中说，凯勒先生要为他又聋又哑又盲的小女儿海伦寻求一位女家庭教师，问她是否有兴趣应征。

就是这封简短的信，改变了安妮，也改变了海伦的命运。

盲人特殊，聋人特殊，盲聋哑就更加特殊了。因为这是特殊教育里面的特殊教育，安妮做了半年准备，学习和研究了山姆·郑博士当年教又盲又聋又哑的萝拉的资料，尽管那是一份不十分成熟的经验。1887年3月3日，安妮·莎莉文长途颠簸，来到了阿拉巴马州的小镇塔斯甘比亚，见到了比自己小14岁的海伦·凯勒。这是莎莉文老师生涯中的第一个学生，也是她唯一的学生。

就算海伦是一个十分文静的孩子，但是她又盲又聋又哑，作为老师教她点什么？用什么方法教？况且她又如此桀骜不驯！

为了教会海伦认知各种事物及其对应的英文单词，安妮就地取材——从玩具娃娃教起。安妮到达的第一天晚上，给了海伦一个玩具娃娃。当海伦用一只手触摸到玩具娃娃时，安妮用她的手指在海伦的另一只手上慢慢地写下了 doll（娃娃）。海伦感觉到安妮写字的手，显得很惊奇。然后，她照安妮的样子在她的手上写下安妮写的字母。她学得很快，但发怒也快，因为 7 年来没有人教育她自我约束。她学着学着不学了，抓起玩具娃娃，摔到了地上。她想怎么着就怎么着。

由于海伦对外部世界感情上的对抗，安妮试图和海伦交流的努力很难奏效。以下是她们第一次一起进餐的情景：

安妮不允许海伦将手伸进自己的盘子里去取她想要的食物，而海伦和她的家人在一起时，已经习惯了这样做。因此与安妮的第一次进餐成了意志的较量：海伦的手一伸进盘子里，就被安妮坚决地推开。海伦的家人为此很不高兴，离开了餐厅。安妮把房门锁上，继续用餐。海伦干脆在地板上又踢又闹，推拉安妮的椅子。半小时以后，海伦绕着桌子找她的父母，却发现没有人在那儿，这使她感到迷惑。最后，她只好坐下来开始吃早餐，但却用手。安妮给她一把勺子，却被哗啦一声扔到地上，于是意志的较量又重新开始。

两周以后，第一个奇迹发生了。安妮将海伦带到家庭住所附近的一个小木屋里，以便两人可以单独生活在一起。海伦离开她家人的第一天，差不多全天都在踢打和号叫。到了晚上，安妮让她睡觉，她也不听。可第二天早上，海伦非但没闹，而且很平和地睡着了。两周后，她变成了一个温柔的孩子。她愿意学习了，这让安妮工作起来很开心。安妮和海伦整天在一起，把她触摸到的任何东西的名字都在她手上写，但她不懂是什么意思。慢慢地她学会了怎样缝衣服，怎样做东西。每天她们去参观农场里的动物，或到鸡棚里找鸡蛋。而安妮随时随地忙着用她的手指在海伦手上写字母。经过 7 天的相处，海伦的性格发生了意义深远的变化，治疗生效了。安妮写道：今天早上我的心在快乐地歌唱，奇迹发生了！两星期前粗暴的小生命已经变成了温顺的小女孩。

安妮到达的一个月后，她们在外面散步，一件重要的事情发生了。她们听到有人在用手泵抽水。安妮把海伦带到水井房，安妮压水，让水流从海伦的一只手上一遍又一遍地流过，在海伦的另一只手上一遍又一遍地写 water（水）。反复让海伦体验“水”。

水唤醒了海伦的灵魂，给了她光明、希望、快乐和自由。这一天，她学会了“父亲”（father）、“母亲”（mother）、“妹妹”（sister）和“老师”（teacher）等 30 个词，这一天学的比以前 5 个星期学的还多。到 4 月底认识了 100 个以上的词，到了 5 月中旬学了将近 400 个词。海伦还学会了书写，到 10 月份，海伦可以用盲文给柏金斯学校的孩子们写信了。从那天开始，海伦每天都走出家门，去找东西学习。每一个新名字都会给她带来一种新的思想。她触摸到的任何东西好像都是有生命的。有一天，海伦想起了她摔碎的玩具娃娃。她到处找娃娃的碎片，想拼装成完整的原样，但没弄成。她认识到做错了那件事，心里内疚。安妮教会了海伦很多事：读书、写字、甚至会用打字机。但她教会海伦最重要的是怎样思考问题。

从此开始，安妮陪伴着海伦走过了 50 年，她用自己的关怀和爱心排解了海伦学习道路上的一个又一个障碍。

1916 年底，莎莉文老师病倒了。她和助手托马斯·波丽第一次离开海伦，去波多黎各疗养。但即使在疗养的时间里，她也是频繁地给海伦写信。这也是她和海伦相遇后，有生之年的唯一一次“离开”。慢慢地，由于用眼过度，她的眼睛再一次失明。直到 66 岁，1936 年 10 月 19 日，她永远地离开了人世。

海伦·凯勒功成名就，扬名世界。安妮这支照亮了别人的蜡烛，由于用眼过度，最后失明；默默无闻地背后，她从不抱怨。海伦是安妮·莎莉文一生第一个学生，也是唯一一个学生，在她身上倾注了安妮大半生所有的精力。没有安妮的关怀，海伦不可能取得巨大的成功。海伦是安妮的骄傲，也是世界文学史上的奇迹，而安妮就是创造奇迹的人。

思考题

你读过海伦·凯勒的《假如给我三天光明》吗？如果还没有读过，就赶紧去读一读吧！

小学四年级语文课本（下册）有一篇课文《我不是最弱小的》。面对困难，无论我们的年龄大小，只要我们敢于迎难而上，就一定能够战胜困难，成为生活的强者。下面故事中的孩子在5岁的时候，就明白了这个道理。

大胆迎上去

德国有一个城市叫汉诺威，这里有一位8岁的小女孩，她每天都要去教士家学刺绣。可是每当她走到教士家门口时，便会有一只凶猛的雄鹅朝她扑来，好几次还啄了她。女孩吓得大哭，再也不肯去学刺绣了。

她的母亲千方百计地劝她，但她还是坚持说如果没有人给她做伴，她就再也不肯去学习。女孩的父亲于是找了根长长的棍子交给他5岁的儿子，对他说："希望你的胆子比你姐姐的大。"并告诉他如果雄鹅来了，尽管大胆地迎上去，然后用棍子狠狠打它，它就会跑掉的。

小男孩接过棍子，陪着姐姐一起来到教士家，刚推开院门，那只凶猛的雄鹅便高高地伸着脖子，发出可怕的叫声向他们恶狠狠地冲过来。小男孩的姐姐见了，吓得大声尖叫着转身就跑。小男孩也很害怕，也想跟着姐姐一起跑，但他猛然间想起了父亲的话，于是，他闭上眼，颤抖着伸出手中的棍子在周围一通乱打，雄鹅终于害怕起来，大叫着逃回鹅

群中间去了。

从此以后，“大胆迎上去”这句话一直陪伴着小男孩成长。这个小男孩后来成为德国著名的电器发明家，他的名字叫西门子。70 多年后，他在自己的《西门子自传》中说：“因为童年的一点启示，而使我终生受用，不知不觉地给了我无数次的鼓励：遇到危险不要回避，要大胆迎上去，加以痛击。”

思考题

这个故事给了你怎样的启示呢？

答　案

人生旅途中，会遇到各种各样的困难和挫折，要想获得成功，就必须有战胜困难的信心和勇气。有时，困难和挫折就像一只凶猛的大白鹅一样拦住了你的去路，这个时候，你要做的是大胆迎上去，打倒它，这样你才能勇敢地朝前走。

小学五年级语文课本（上册）有一篇课文《厄运打不垮的信念》，告诉我们：“在漫长的人生旅途中，难免有崎岖和坎坷，但只要有厄运打不垮的信念，希望之光就会驱散绝望之云”。下面的这个故事，同样告诉我们这个道理。

成功就在下一次

大家都知道凡尔纳是一位世界闻名的科幻小说作家，但很少有人知道凡尔纳为了发表他的第一部作品，曾经遭受过多么大的挫折！

1863年冬天的一个上午，凡尔纳刚吃过早饭，正准备到邮局去，突然听到一阵敲门声，他开门一看，原来是一个邮递员。

邮递员把一包鼓鼓囊囊的邮件递到了凡尔纳的手里。一看到这样的邮件，凡尔纳就预感到不妙，自从他几个月前把他的第一部科幻小说《气球上的五星期》寄到各出版社后，到今天为止，收到这样的邮件已经是第十五次了。

凡尔纳怀着忐忑不安的心情拆开一看，上面写道：“凡尔纳先生：书稿经我们审读后，不拟出版，特此奉还。××出版社”

每次看到这样的退稿信，凡尔纳心里都是一阵绞痛，十分难过。这次已经是第十五次了，自己的作品还是未被采用。凡尔纳深知，那些出

版社的“老爷”们是如何也看不起无名作者的。他愤怒地发誓，从此以后再也不写了。

凡尔纳愤怒地拿起手稿向壁炉走去，准备把这些稿子付之一炬。就在他把手稿投向壁炉的一刹那，他的妻子及时赶过来，一把抢过书稿，紧紧抱在怀里。此时的凡尔纳余怒未息，无论如何也要把稿子烧掉。

凡尔纳的妻子急中生智，用满怀关切的语言安慰丈夫，“亲爱的，不要灰心，再试一次吧，也许这次能交上好运的。”听了这句话以后，凡尔纳夺书稿的手，慢慢放下了。他沉默了好一会儿，最终接受了妻子的劝告，又抱起这一大包书稿到第十六家出版社去碰运气。

幸运的是，这次没有落空，读完书稿后，这家出版社立即决定出版此书，并与凡尔纳签订了20年的出书合同。

人生就是这样，在实现理想的过程中，总是会遇到这样或那样的挫折。如果没有他妻子的疏导，没有“再努力一次”的勇气，我们也许根本无法读到凡尔纳笔下那些脍炙人口的科幻故事，人类就会失去一份极其珍贵的精神财富。

思考题

你了解凡尔纳吗？你知道他的哪三部作品被称为“凡尔纳三部曲”吗？

答　案

儒勒·加布里埃尔·凡尔纳是法国小说家、博物学家，科普作家，现代科幻小说的重要开创者之一，被誉为“科幻小说之父”。由于凡尔纳知识非常丰富，他小说作品的著述、描写多有科学根据，所以当时他小说的幻想，如今成为有趣的预言。

《格兰特船长的儿女》《海底两万里》和《神秘岛》被称为“凡尔纳三部曲”。

小学三年级语文课本（上册）有一篇课文《小稻秧脱险记》，讲述了发生在稻田里的一个小故事。下面，我们再去读一个发生在稻田里的故事，看看给了你怎样的启发。

稻草人和小老鼠

秋天的稻田，那一颗颗饱满的谷粒，在阳光的照耀下，泛着点点金光，就像小小的星星，撒满了田间。

在田地中间的一根木杆上，笔直地站着一个稻草人，他看着这丰收的景象，心里充满了喜悦。

一只小老鼠瑟瑟地沿着田埂走了过来。

“站住！你赶紧滚开！”稻草人怒吼着，不停地挥舞着自己的手臂。

小老鼠吓得一下子跌坐在地上，连声说道：“我不是来偷稻谷的，我是来朝拜您的！”

“什么，朝拜我？”稻草人一愣，停止了怒吼。

“您是英雄啊！我当然来朝拜您了！”

“我算是什么英雄啊……”

“您是真正的英雄啊！您看，您每天不吃不喝，看护稻田，只讲奉献，从不索取。您说，您不是英雄，又是什么呢？”

"这……"稻草人不再说话了。他心里想：小老鼠说得多好啊，我是英雄，可是，为什么没有人承认我、崇拜我呢？只有小老鼠才是我的知音啊！

"我来朝拜您，什么礼物也没有带来，我知道，就是我带来什么，您也不会要，因为您是英雄啊。但我不会白来朝拜您的，我给您按摩和捶背吧，以表达我的敬意！"小老鼠说着，爬上了木杆，给稻草人按摩和捶背。

稻草人陶醉了，多舒服啊！渐渐地，稻草人睡熟了，打起了轻轻地鼾声。小老鼠向远处打了一个响指，一群老鼠越过田埂，扑进了稻田，开始偷食稻谷。小老鼠爬到木杆的细弱处，以最快的速度将木杆啃断了，还在睡梦中的稻草人轰然倒下。稻草人一下子清醒了，可是，一切都晚了。

一大群老鼠正叼着稻谷往远处的洞穴里搬运；一大群麻雀也飞来了，开始啄食谷粒。

倒在水中的稻草人多着急啊，他多想自己的主人快过来，将自己扶起，重新站在那里。

思考题

叶圣陶老爷爷曾经写过一个非常经典的童话故事《稻草人》，你读过吗？如果没有读过就赶紧去读一读吧！

小学四年级语文课本（下册）有一篇课文《沙漠里的绿洲》。水，对于沙漠来说，是多么珍贵。沙漠中有了水，就有了希望，有了绿洲，就有了生命。

沙漠中的旅行者

从前，有一个旅行者在沙漠中行走，很不巧的是，途中遇到了沙尘暴。

一阵狂风吹过之后，这个旅行者已经无法辨别出前进的方向。他就这样漫无目的地在沙漠中走了很久，最后，食物和水都用完了。他饥渴难忍，完全凭着自己的意志在支撑。

正当这个旅行者快支持不住的时候，突然发现前方有一个破旧的小屋。旅行者几乎绝望地走到屋角，却意外地发现了一台抽水机！他兴奋地上前抽水，可是无论他怎么用力，也抽不出半滴水来。他无奈地坐在地上，却突然看见抽水机旁的墙壁上，挂着一个用软市塞堵住瓶口的小瓶子，瓶上贴了一张泛黄的纸条，纸条上写着：“你必须用水灌入抽水机才能引水！但不要忘了，在你离开前，请再将水装满！”

旅行者拔开瓶塞，发现瓶子里果然装满了水！他实在渴得难受，恨不得马上把那瓶水喝下去。可是他的内心十分矛盾：如果自私点，只要

将瓶子里的水喝掉，他就不会渴死，就能活着走出这片沙漠！如果照纸条做，把瓶子里唯一的水，倒入抽水机内，万一水一去不回，他就会渴死在这个地方了。“到底要不要冒险？”最后，他终于下定了决心：决定把瓶子里仅有的水，全部灌入那台看起来破旧不堪的抽水机里。他的手颤抖着，一丝不苟地抽水，让他欣喜若狂的是：水真的大量涌了出来！他兴奋地喝足水后，又用瓶子装满水，再用软木塞封好，然后在原来那张纸条后面，又加上他自己的话：“相信我，真的有用！”

可以想象得到，那个人在水涌出来的刹那间是怎样的一种心情，是激动，是兴奋，是重获新生的悲喜交加！没有一种收获是不需要付出的，我们要相信这个世界上有真诚存在！

思考题

这个故事对你有什么启示呢？

答　案

只要心中充满了爱，充满了感激，生活就会充满阳光，充满希望！

小学五年级语文课本（上册）有一篇课文《伊索寓言》，相传为公元前六世纪，被释放的古希腊奴隶伊索所著。《伊索寓言》大部分为动物寓言，而其中最多的动物形象就是狐狸。其实，狐狸的形象在很多文学作品中都能见到，下面，我们就去读一个著名的狐狸列那的故事吧！

列那狐偷鱼

一天，天空灰蒙蒙的，天气非常冷。看到自家的几口橱柜空空的，列那又坐不住了。海梅林太太坐在大靠背椅上，犯愁地说："家里什么都没有了，孩子们快要回来了，他们肚子一饿，就会吵着要饭吃，我们应该怎么办啊？"

"让我再出去想想办法吧！"列那长叹了一声，站起来回答说，"天气不好，我真不知道该到哪儿去？"然而，他还是出去了。因为他可不愿意看到孩子和妻子在他面前饿得哭哭啼啼，他自己更不愿忍受饥饿的煎熬。

这样，他来到了树林里，东张西望，慢慢地踱着，找了半天，毫无收获。他就向大路走去，大路却被一道篱笆挡住了。他有些失望地坐在那里。这时候远处吹来一阵带香味的风，把他身上的毛吹得一团糟，使

他的眼睛很久都睁不开，他不得不闭着眼睛。但这种飘来的香味却使他突然兴奋起来，他不由得抖了抖被吹乱的毛，扬起头来，向空中乱嗅。他自言自语地说："难道这是鱼的气味吗？不错，朝我吹来的果真是鱼的香气啊。但是这美味的鱼儿在哪儿呢？"他一跳，跃过了筑在大路旁边的篱笆。

列那的嗅觉和听觉都天生灵敏，目光也天生锐利。很快，他便看到了老远老远有一辆车子朝这边飞快地开过来，那股香味强烈的腥气一定是从车上发出的。因为那车子开得愈近，他闻得也愈清楚，车上装的果然就是鱼！

原来，是鱼贩子们装满了一篓一篓的鱼，赶到附近城里的市场上去卖。这样的机会怎么能放过！列那一秒钟都不迟疑，他急着要将那些香喷喷的鱼弄到手！于是，他脑子马上冒出了一个好主意。

他来到了大路上，那辆载着生鱼的货车还离得非常远。列那赶忙横躺在大路当中，活像是只死狐狸，他身体柔软松塌，舌头伸到嘴外，双眼紧闭，谁也看不出是真是假。

货车奔驰到了这只"死狐狸"面前，司机只好停下车，鱼贩们也纷纷下车来看是什么东西挡了路。他们看看躺在路上的"尸体"，一个说："哇，这是一只狐狸呢，还是一只猪獾呀？"

"哈哈，是只狐狸！今天我们真走运，还捡到一只狐狸！"

"虽然这是一只死狐狸，但他的皮剥下来还是很值钱的呢。"

于是，大家走近，凑上来看着装死装得极像的列那。他们捏捏他的皮，摸摸他的毛，摇摇他的尾巴，欣赏着他那漂亮的皮毛和他那雪白的颈部。

其中的一个鱼贩说："这张皮至少值四个法郎。"

"你是开玩笑吧，我看至少得值五个！而且说不定还能卖更高的价呢。”

“快把他好好地搬到货车上，等我们到了城里，卖完了鱼再来剥他的皮，去卖给皮货商人。”于是，两个鱼贩就随随便便地把他扔到鱼篓旁边，又坐到前面驾驶室的座位上去了。

此时此刻，列那是多么兴奋多么开心啊！他在这货车中，可以给一家人弄到一顿丰盛而美味的饭菜啦。他几乎不用移动身子，无声无息地用尖利的牙齿咬破了一只装满鱼的篓子，自己痛痛快快地吃了一顿。转眼间，他至少吃了30条鲞（xiǎng）鱼，味道真不错啊。

吃饱了。但是列那当然不会就此罢休，他要充分利用这个机会。他又用牙齿咬开了另外一个鱼篓，这一篓里装的是鳗鱼。他想，先尝尝看，它们合不合家里人的胃口，不能让老婆和孩子们倒胃口，于是就吃了一条。哇，味道更鲜美！老婆和孩子一定喜欢。于是，他运用他惯用的手法，叼出了许多鳗鱼，像项链似地绕在脖子上，然后再轻轻地跃出车厢，跳到地面上。他动作虽然轻巧，但多少还是弄出了一点响声。那两个鱼贩看到货车后跳出一个戴着“鱼项链”的狐狸，还不知道这就是那只死狐狸呢。正在发傻时，列那向他们嘲笑地喊道：“谢谢你们啦，好朋友，但愿上帝保佑你们一路平安。那张狐皮要值六个法郎，所以我还是自己保存起来吧。我给你们留下了些鱼骨头和鱼刺。谢谢你们的鳗鱼啦！”

听到这些话，鱼贩才大吃一惊。原来他们被狡猾的狐狸玩弄了。不仅没得到意外之财，反而白白丢掉了那么多鳗鱼和鲞鱼！

当他们停了车子，上气不接下气地去追列那，像去追一个小偷那样，列那早已跑得无影无踪。不多一会儿，他已经翻过了篱笆。那篱笆保护了他，使追赶的人看不见他。那两个鱼贩又气又急，累得坐了下来，好一会儿才回到货车上。

列那一路上不敢停留，跑回去慰问他饥饿的老婆和孩子。列那回到马贝渡城堡。见到丈夫满载而归，海梅林太太笑嘻嘻地迎了上去。列那脖子上绕着的这副项链，在她眼里，比什么都迷人！她夸个不停。家里的人谨慎地把门关好。

两个孩子贝斯海和马勒巴朗士暂时还不会打猎，可是他们已会做菜做饭了，他们马上去生火，把鳗鱼切成小块，用小签子穿成一串串，在火上烤着这些诱人的鱼片。而海梅林却忙着殷勤地照顾她的丈夫，她打水替他洗泡肿了的腿，并擦净了他那一身美丽的皮毛——那两个鱼贩准备卖五个法郎的皮毛。

思考题

你觉得这只名叫列那的狐狸可爱还是狡猾呢？不管怎样，快去读读关于狐狸的故事吧！

小学五年级语文课本（下册）有一篇课文《埃及的金字塔》。埃及的金字塔建于4500年前，是古埃及法老（即国王）和王后的陵墓。金字塔闪耀着古埃及人民智慧和力量的光芒。直到今天，规模宏大、建筑神奇、气势雄伟的金字塔依然给人留下许多未解之谜。而下面这个有关金字塔的故事一定会给你带来不一样的思考。

蜗牛和金字塔

在遥远的古埃及，在金字塔的不远处有一只蜗牛。有一天，蜗牛看到一只雄鹰扑打了两下翅膀，就冲上了高空，最后盘旋在金字塔的顶端。

“啊！多么壮观！如果我能离开这个只能看到眼皮子底下的地方，到雄伟的金字塔顶上，俯瞰整个世界，那该有多好啊！”

这个想法让蜗牛激动不已，说爬就爬，于是蜗牛背着重重的硬壳小房子，花了两天时间来到了金字塔下面，然后往上爬。

一只蚂蚁看见它，好心劝说：“蜗牛啊蜗牛！你还是放弃吧。金字塔那么高，只有雄鹰才上得去。你没有它那么有力的翅膀，还是在家好好歇着吧！”

蜗牛谢绝了蚂蚁的忠告，继续缓缓地一步一步攀爬。

一个月，两个月过去了，蜗牛爬高了一点点，就在这个时候，一股狂风吹过来，卷起一阵黄沙，劈头盖脸地砸过来。蜗牛差点儿掉下去摔成粉身碎骨。风在耳边呼啸，似乎在说："回去吧！回去吧！你不累死，也会摔死！"蜗牛鼓起勇气，风沙一停就继续向上爬。

就这样爬呀爬，爬呀爬，不知道过了多长时间，不知道经历了多少次烈日的暴晒、大雨的洗礼和风沙的侵袭，最终，蜗牛爬上了高高的金字塔塔顶。

雄鹰看见了它，惊奇地问道："你怎么到这里来了？"

蜗牛趴在金字塔顶，一边欣赏着壮丽的风景，一边回答说："我想像你一样，来最高处看看美丽的世界呀！"

雄鹰继续问："是谁好心把你带上来的？我的兄弟姐妹吗？据我所知，能到达金字塔顶端的只有我们雄鹰呢！"

蜗牛说："我是自己爬上来的，我天天坚持不懈地往上爬，就爬上来了。不信？你看看我那闪光的足迹！"

思考题

你从这个故事中受到了什么启发呢？

答 案

能够到达金字塔顶端的只有两种动物，一是雄鹰，还有一种就是蜗牛。在金字塔顶端，人们确实找到了蜗牛的痕迹。小蜗牛没有雄鹰善于飞高的天赋，但是它凭着毅力，坚持每天向上爬，每天进步一点点，日积月累也创造了令人惊讶的奇迹。

我们可以没有雄鹰的天分，但一定不能没有蜗牛的坚持。

小学六年级语文课本（上册）有一篇课文《最后的姿势》，讲述了当地震突然来临时，一位老师誓死保护他的学生的故事。而下面的这个故事则讲述了当地震突然来临时，一位父亲独自坚持 38 小时，终于救出自己儿子的故事。

地震中的父与子

1994 年，一次 8.2 级的地震几乎铲平美国洛杉矶，在短短不到 4 分钟的时间里，夺去了 30 多万人的生命！

在彻底的破坏与混乱之中，有位父亲将他的妻子在家里安顿好后，跑到他儿子就读的学校，而触目所见，却是被夷为平地的校园。

看到这令人伤心的一幕，他想起了曾经对儿子所作的承诺：“不论发生什么事，我都会在你身边。”至此，父亲热泪盈眶。目睹曾经的学校成了一堆瓦砾，真叫人绝望。但父亲的脑中仍然牢记着他对儿子的诺言。

他开始努力回忆每天早上送儿子上学的必经之路，终于记起儿子的教室应该就在那幢建筑物后面，位于右边的角落里，他跑到那儿，开始在碎石砾中挖掘，搜寻儿子的下落。

当这位父亲正在挖掘时，其他束手无策的学生家长赶到现场，揪心

地叫着：“我的儿子呀！”“我的女儿呀！”一些好意的家长试图把这位父亲劝离现场，告诉他“一切都太迟了！他们全死了！”，“这样做没用的”，“回去吧，这样做只会使事情更糟”。面对种种劝告，这位父亲的回答只有一句话：“你们愿意帮我吗？”然后继续进行挖掘工作，在废墟中寻找他的儿子。

消防队长出现了，他也试图把这位父亲劝走，对他说：“火灾频现，四处都在发生爆炸，你在这里太危险了，这边的事我们会处理，你回家吧！”对此，这位慈爱、关切的父亲仍然回答：“你们要帮我吗？”

警察赶到现场，对他说：“我知道，你现在很着急，但是你这样未必能找到你的孩子。回家吧！我们会处理一切的。”这位父亲依旧回答：“你们愿意帮我吗？”然而，人们无动于衷。

为了弄清楚儿子是死是活，这位父亲独自一人鼓起勇气，继续进行他的工作。

他挖掘了 8 小时，12 小时，24 小时，36 小时。38 小时后，父亲推开了一块巨大的石头，听到了儿子的声音。父亲尖叫着：“阿曼达！”儿子的回答听到了：“爸爸吗？是我，爸，我告诉其他的小朋友不要着急。我告诉他们如果你活着，你会来救我的。如果我获救了，他们也就获救了。你答应过我，‘不论发生什么，我永远都会在你的身边’，你做到了，爸！”

“你那里的情况怎样？有几个人活着？”父亲问。

“我们有 14 个活着。爸，我们好害怕，又渴又饿，谢天谢地，你在这儿。教室倒塌时，刚好形成一个三角形的洞，救了我们。”

“快出来吧！儿子！”

“不，爸，让我的同学先出来吧！因为我知道你会在和我在一起的！不管发生什么事，我知道你永远都会来到我的身边！”

这对了不起的父与子，无比幸福地紧紧拥抱在一起。

思考题

这个感人的故事，让你潸然泪下了吗？你想起了自己爸爸妈妈对你无微不至的关怀与爱护吗？

答　案

亲情，会使人坚定和勇敢；亲情，会使人产生信赖和力量。让我们每一个人都珍惜自己所拥有的父母真挚无私的爱吧！

小学六年级语文课本（下册）有一篇课文《理想的风筝》，为了实现自己的理想，需要顽强的意志和执着的追求。下面故事中的这个孩子就是这样一步一步走上了成功之路。

永不放弃的梦想

7岁那年，他便在台北百货公司的魔术专柜前流连忘返，对专柜前表演的奇幻魔术深深着迷。于是，他用零花钱买下了人生中第一个魔术道具——“空中来钱”。

接着，这个少年开始在课堂上偷偷练习“空中来钱”的魔术。有一次他在课堂上练习时，一不小心让硬币滚落到了讲台边，气愤的老师当场没收了他口袋里的全部硬币。男孩羞红着脸，站起身来奶声奶气地说了一句：“老师，我要成为一个魔术师！”

小男孩的话使全班同学哄堂大笑。委屈的男孩回到家，对父亲说：“爸爸，我的梦想是成为魔术大师，可他们却嘲笑我……”他的话还没有说完，气急败坏的父亲就跺着脚朝他大叫：“你疯啦？”

但他瞒着父母，继续陷入对魔术世界的痴迷中。当同龄人还在玩捉迷藏时，这个男孩却在各大商店的魔术专柜前悄悄学习魔术师的表演，用好奇的钥匙一次一次地去解开魔术的谜底。

因为对魔术的热情和痴迷，他遭到了父母的打骂、同学的冷落、邻居的嘲笑。人们说，这个整天胡思乱想的孩子是不是疯了？有一天，内向羞怯的他突然站在讲台上宣布："我的魔术师梦想不会远了！"同学们一阵哈哈大笑。在同学们的嘲笑声中，他开始表演神奇货币穿盒术，表演结束后，教室里响起了雷鸣般的掌声。他的魔术表演成功了，轰动了全校。

为了练好一个动作，他一个人在家里重复了上千遍。为了让自己的一双手在魔术表演中"呼风唤雨"，他在家里用瓶瓶罐罐搞化学实验，有一次还酿成了火灾，滚滚浓烟引来了消防车。

12 岁那年，他去参加儿童魔术大赛。在与数百名强手的竞争中，他脱颖而出，获得了国际魔术大师大卫·科波菲尔颁发的大奖。他把奖杯高高举起，父母惊讶地张大了嘴："看来，我们得尊重这个孩子的梦想，并帮助他去慢慢实现了。"

16 岁时，他认识了职业魔术师徐先生，徐先生告诉他："魔术不是闭门造车，魔术同这个世界一样，奇妙无比。"在徐先生那里，他的魔术水平得到了很大的提高。

22 岁那年，他正读大三，第一次参加国际魔术比赛便得了第二名。那次比赛，父母陪着他去了。在台上，他举起奖杯，朝台下的父母深深地鞠了一躬，父母的泪水一下子夺眶而出。他对父母说："爸，妈，我离梦想还远，我要夺第一！"这一次，父母相信了他的话。后来，他一连五次夺魁。

在随后征战世界各地的魔术表演大赛中，他获得了 10 多次国际性大奖，成了驰名世界的青年魔术大师。有人称这个"魔法无边"的年轻人为现实版的哈利·波特。而这个年轻人，就是如今最为人们津津乐道的年轻魔术大师——刘谦。

是什么激励刘谦在通往魔术大师的漫长路上不断探索和奋进呢？刘谦说，就是因为小时候那个被嘲笑的梦想，才让他一天一天地去用心努力进取，并最终摘取了魔术王国的桂冠。

被嘲笑的梦想，如果不放弃，往往会迎来实现的那一天，让心怀梦想的人得到命运的馈赠。

思考题

你看过刘谦表演的魔术吗？你喜欢他的魔术吗？

小学三年级语文课本（上册）有一篇科学童话《航天飞机》，向我们介绍了航天飞机的基本特点和神奇本领，展现了现代科学技术在航天事业上的新成果。下面我们再去读一个有关滑翔机的故事吧！

滑翔机的发明

1848年5月23日，奥托·李林塔尔出生于德国的安克拉姆，他酷爱飞行，少年时曾作过“飞人”实验。成年之后，他利用业余时间仔细观察飞鸟。为此，他专门创造了一个公式，用来计算鸟类飞行、滞空以及滑翔时所付出体力的大小。在7年的时间里，他制造出18种不同型号的滑翔机，他操纵这些滑翔机从屋顶或山坡上一次又一次地跳下来。虽然总是一败涂地，但他却毫不气馁，从中积累了宝贵的经验。

1877年，李林塔尔制造出一架有着像鸟一样略微拱起的机翼的滑翔机，这种机翼比扁平的机翼性能更好。

李林塔尔善于制造仪器进行航空实验，用来验证观察的结果。他研制的测试片状物体的升力和阻力的仪器、试验扑翼机升力的仪器，都是19世纪末有代表性的航空研究仪器。

李林塔尔注意积累数据，总结经验，纠正了前人“多层叠置窄条翼”的片面做法，提出了“曲面机翼比平面机翼升力大”的观点，为飞机的发明作出了决定性的贡献。

不过，李林塔尔最主要的贡献还是成功的滑行飞行。1891 年，他制成一架蝙蝠状的弓形翼滑翔机，成功地进行了滑翔飞行，从而肯定了曲面翼的合理性。在 1893—1896 年之间，李林塔尔进行了几千次滑翔飞行试验，屡次改进总体布局，滑翔中又拍了许多照片，积累了大量数据，给美、英、法等国的飞机制造者们提供了宝贵的资料。

1894 年，李林塔尔从柏林附近的悬崖上起飞，成功地滑翔了 350 米远，这在当时是一个惊人的成绩。他将自己的成绩记录下来，使之成为航空史上最早的飞机性能记录之一。

但是李林塔尔过于重视升力，而忽视了对飞机的操纵。他认为改变身体重心的位置是保持飞机稳定的唯一办法，这一失误对他来说是致命的。1896 年 8 月 10 日，李林塔尔在飞行中突然遇到迎面刮来的大风，他来不及将重心前移以使滑翔机保持稳定，最后和飞机一同坠落到了地面，不幸遇难。

德国人为了纪念他的功绩，为李林塔尔树立了一座纪念碑，上面写着“最伟大的老师”。

思考题

你知道长征六号是什么时候发射上天的吗?

答　案

2015 年 9 月 20 日 7 时 01 分，中国新型运载火箭长征六号在太原卫星发射中心点火发射，成功将 20 颗微小卫星送入太空。

小学三年级语文课本（上册）有一篇课文《军神》，讲述了刘伯承将军年轻时有一次眼睛负伤，他坚持不用麻醉药，忍受巨大痛苦接受手术治疗的故事。故事中，刘伯承将军坚忍不拔的意志令人折服，他不愧为“军神”之称。其实，关于麻醉药的发明，还有一个故事呢！

麻醉药的发明

一次，神医华佗在鲁南地区为一个胳膊上生了毒疮的小孩动手术。那孩子连蹦带跳，疼得死去活来。这件事深深触痛了华佗的心。他想：“要是能制成一种药，先让病人服下，然后动手术时既不痛苦，又能治好病，那该多好！”

过了几天，几个小伙子抬来一个昏迷不醒的汉子，求华佗医治。华佗问道：“这人伤在哪里？”

“他和人打架，让人打断了肋骨！”一个小伙子忙说。

华佗给伤者解开衣服一看，左胸下血肉模糊，肋骨都露出来了。他让小伙子们按住伤者，然后忙用药水擦洗伤口，开始动手术。

突然，华佗发现了一个奇怪的现象：整个手术过程中，那人不仅没有挣扎，而且连一声呻吟都没发出。华佗正在疑惑，忽然，一股酒气扑鼻而来。一问，原来那伤者喝得酩酊大醉，这时还酣睡在梦中呢。

这一例手术给华佗启发极大。华佗想：只要我能制成一种药，让病人服下后能像喝醉酒一样睡着，手术不就顺利得多了吗？

从此以后，华佗开始研究麻醉剂。经过一次次的试验、改进，一种用浓酒配制的中药麻醉剂——麻沸散制成。

一次，一个船夫肚子痛得在地上直打滚，人们赶忙把他送到华佗那里。华佗给他切了脉，按了按肚子，果断地说："你的脾烂了，应当开刀割掉。"病人听了有点怕。华佗又说："你的病已是汤药、针灸所不能治，要是不割，可就没救了。"病人早听说过华佗是名医，就点头同意了。

华佗先取出一包麻沸散，放到酒里搅匀后给病人服下，不一会儿，病人就像深深地睡着了一样进入了麻醉状态，迷迷糊糊、昏昏沉沉地失去了知觉。华佗熟练地剖开了病人的肚皮，一看，病人的脾果然烂了一半。他把烂的一半切去，缝合肚皮，敷上"神膏"，不到三个时辰，手术就做完了。病人醒来后，华佗又给他开了药方嘱咐按时服用，不到一个月，这个病人就完全恢复了健康。

消息传开，华佗的名字响彻了全国。许多针药治不好的危难病人，纷纷来找华佗要求手术治疗。

"麻沸散"的确挽救了不少垂危病人的生命。据史料记载，直到1848年，英国人莫尔顿把乙醚用于全麻手术成功，西方医学的麻醉术才渐趋完善。可是，这已经是在华佗发明"麻沸散"一千六百多年以后的事了，这样看来，称华佗是"外科医学的鼻祖"，丝毫不算夸张。

思考题

人们常用哪些词语来赞美医生的医术高明?

答 案

妙手回春、在世华佗、悬壶济世、救死扶伤、
杏林春暖、起死回生、仁心仁术、手到病除。

小学四年级语文课本（上册）有一篇课文《九寨沟》，里面提到如果你的运气好，也许会在九寨沟遇到一只憨态可掬的大熊猫正在咀嚼鲜嫩的竹叶。熊猫是中国的国宝，下面我们就去读一个关于熊猫的小故事吧！

熊猫学本领

一天，熊猫妈妈对小熊猫说："孩子，你已经长大了，应该独立生活了。"

熊猫爸爸接着说："动物世界很复杂，你要向别人学习自卫的本领。"

小熊猫听说黄鼠狼本领高强，就去拜访他，说："刺猬一身刺，谁也惹不起，可是刺猬却怕你，你制服刺猬的绝招是什么？"

"放臭屁。"黄鼠狼一本正经地说，"见到刺猬，我就放臭屁把他熏昏了，他露出雪白的肚皮，最后成了我的美餐。"

"你是不是在骗我呢？"小熊猫笑了。

"没有，放臭屁就是我克敌制胜的绝招。"

"原来这么简单。"小熊猫告别了黄鼠狼去找豪猪。

豪猪就像小刺猬一样全身长满了刺，他身上的刺比小刺猬身上的刺还要长。小熊猫刚要向豪猪讨教自卫的经验，就在这时，老虎来了。

小熊猫吓得浑身发抖，豪猪安慰他："别怕，有我呢！"

老虎走近了，豪猪突然抖动尖刺，"沙沙沙"，一根根尖刺就像一把把利箭，扎到老虎的身上，疼得他哇哇大叫，狼狈而逃。

"你真了不起，豪猪大哥。"小熊猫很佩服地对豪猪说，"你能把身上的刺借一些给我吗？"

"没关系的。"豪猪说，"把我刚才射老虎掉下来的尖刺拿去吧！"

小熊猫从地上捡了一些豪猪的尖刺，哼着歌高兴地走了。他真是没想到学本领这么简单，放个臭屁、抖动尖刺就能战胜对手。

走着走着，小熊猫忽然停下来，原来前面停着一只小豹，他露出一双让人恐惧的眼睛。

"你要干什么？"小熊猫吓得连连后退。

"傻瓜，我想吃你。"

小熊猫想起了黄鼠狼教给他的绝招，屁股对着小豹。

"你在干什么？"小豹莫名其妙。

"先让你闻闻我的臭屁。"小熊猫连放了几个响屁。使他奇怪的是，小豹不仅没有被他熏倒，反而大笑起来。

一招不灵，小熊猫又使出一招，他拿出豪猪的尖刺射向小豹，小豹急忙躲闪。

这下逼急了小豹，他步步逼近。眼看小豹就要扑向小熊猫，小熊猫吓得仰面跌倒在地，四只利爪不停地舞动着。

看着小熊猫那尖尖的不停舞动的利爪，小豹围着他转了一圈，毫无办法，只好灰溜溜地走了。

小豹走后，小熊猫站起来，自言自语地说："放臭屁和放利箭看来都不管用，原来我的爪子才是最好的防身武器啊！"

思考题

小朋友们，读了这个有趣的故事，你明白了什么道理呢？

答　案

每个人都有自己的长处，我们应该刻苦练习，扬长避短，把自己的基本功练好，长大后才能立足社会。

小学四年级语文课本（上册）有一篇课文叫《说勤奋》，里面提到了我国著名的生物学家童第周完成了高难度的青蛙卵剥离手术，在欧洲生物学界产生了很大的影响。为什么青蛙卵剥离手术难度这么大呢？童第周又是怎么完成这一高难度的手术的？读了下面的故事，一定会解开你心中的疑惑。

青蛙卵剥离手术

1930年，童第周在亲友们的资助下，远渡重洋，来到比利时的首都——布鲁塞尔，在欧洲著名生物学者勃朗歇尔教授的指导下，研究胚胎学。当时，他发现有的外国留学生对中国人抱着一种藐视的态度，说"中国人是弱国的国民"。和他同住的一个洋人学生，甚至公开说："中国人太笨。"听到这些，童第周再也压抑不住满腔的怒火，对那个洋人说："这样吧，我们来比一比，你代表你的国家，我代表我的国家来和你比，看谁先取得博士学位。"童第周憋着一股气，在日记中写下了自己的誓言："中国人不是笨人，应该拿出东西来，为我们的民族争光！"

研究胚胎学，经常要做卵细胞膜的剥除手术。有一次做实验，教授要求学生们设法把青蛙卵膜剥下来，这是一项难度很大的手术，青蛙卵只有小米粒大小，外面紧紧地包着三层像蛋白一样的软膜，因为卵小膜薄，手术只能在显微镜下进行。许多人都失败了，他们一剥开卵膜，就把青蛙卵也给撕破了。只有童第周一人不声不响地完成了这项实验任务。

布朗歇尔教授知道后，特地安排了一次观察实验，把学生们都找来看。实验开始了，只见童第周不慌不忙地走到显微镜前，熟练地操作着。人们看到，他像钟表工人那样细心，像绣花姑娘那样灵巧，像高明的外科医生那样一丝不苟。在显微镜下，他先用一根钢针在卵上刺了一个小洞，于是胀得圆滚滚的青蛙卵马上就松弛下来，变成扁圆形的，再用钢镊往两边轻轻一挑，青蛙卵的卵膜就从卵上顺利地脱落下来了。他干得又快又利落。

“成功了！成功了！”同学们纷纷涌上去祝贺，勃朗歇尔教授更是激动万分，这是他搞了几年也没有搞成的项目啊！他抑制不住内心的喜悦，连声称赞：“童第周真行！中国人真行！”

童第周剥除青蛙卵膜手术的成功，一下子震动了欧洲的生物界。4年之后，通过答辩，比利时的学术委员会决定授予童第周博士学位。在荣获学位的大会上，童第周激动地说：“我是中国人，有人说中国人笨，我获得了贵国的博士学位，至少可以说明中国人绝不比别人笨。”在场的教授纷纷点头，有的还伸出大拇指。而那位洋人学生却一篇论文也没有，更谈不上当博士了。

1973年，在周总理的亲切关怀下，童第周和他的伙伴们开始了细胞遗传学的研究工作。他在立体显微镜下，用比绣花针还细的玻璃注射针，把从鲫鱼的卵细胞中取出来的遗传因子，注射到金鱼的受精卵中。金鱼的卵还没有小米粒大，做这样的实验该有多难啊！可是童第周成功了，结果孵化出的幼鱼中，有一条鱼披着金色的鳞片，长着鲫鱼那样的单尾巴，说明鲫鱼的遗传基因，已经在金鱼卵中发生了作用。这种鱼因为是童第周创造出起的，因此，人们叫它“童鱼”。

思考题

像童第周这样勤奋求学的人，你还知道哪些？

答　案

司马光、华罗庚、齐白石、李时珍、谈迁、司马迁等

小学四年级语文课本（上册）有一篇课文《雾凇》。读完课文，同学们一定对雾凇的形成充满了好奇，对雾凇的美景充满了向往。那就让我们立刻出发，再一次去近距离地观赏一下这闻名全国的奇观吧！

吉林雾凇

那洁白晶莹的吉林雾凇被称为中国四大自然奇观之一，但又与其他三处有一个最大的不同，就是它的不可预知性。雾凇来时“忽如一夜春风来，千树万树梨花开”；雾凇去时“无可奈何花落去，似曾相识燕归来”，真正的说来就来，说走就走，一派天地使者的凛凛之气。雾凇性情如此，难免有人偶遇之下陶醉其中，有人苦盼数日却难觅芳踪。

能够见到雾凇是一件令人兴奋难抑的事情。远远望去，一排排杨柳的树冠似烟似雾，与天上的蓝天白云相接，让人分不清天地的界限。忽然，几个红的蓝的颜色从银装素裹的树丛里跑了出来，好像丹青妙手装作不小心滴在宣纸上的几点颜料，在白茫茫的背景下格外显眼，别有意蕴。到了近处，才看清原来是踏雪寻凇的一群年轻人，穿着厚厚的羽绒服在雪林里追逐打闹。也难怪，这片童话般的银色世界怎能不让人摒弃最烦心的杂念，而满脑子只是“玩”、“美”这些最简单纯朴的字眼呢？

年轻的眸子距离那些银条近些再近些看去：枝丫间的雾凇仿佛洁白的雪花，可谁能想到它偷下凡间要经历比雪复杂百倍的变化呢？忍受寒冬的千般严酷，承受江水的万种柔情，足够的低温和充分的水汽这两个极为苛刻且互相矛盾的环境中才能产生她，而且轻微的温度和风力变化都会给它带来致命的影响。了解到这一点，谁还会觉得游人有意、雾凇无情？

观雾凇也要会欣赏。“夜看雾”“晨看挂”“待到近午赏落花”。“夜看雾”是在雾凇形成的前夜观看江上出现的雾景。大约在夜里十点多钟，松花江上开始有缕缕雾气，继而越来越大，越来越浓，大团大团的白雾从江面滚滚而起，不停地向两岸漂流。“晨看挂”是早起看树挂。十里江堤黑森森的树木，一夜之间变成一片银白。棵棵杨柳宛若玉枝垂挂，簇簇松针恰似银菊怒放，晶莹多姿。“待到近午赏落花”，是说树挂脱落时的情景。一般在10时左右，树挂开始一片一片脱落，接着是成串成串地往下滑落，微风吹起脱落的银片在空中飞舞，明丽的阳光辉映到上面，空中形成了五颜六色的雪帘。

在美丽的雾凇中我们不禁想起那个传说：很早以前，松花江边有一位老妈妈，丈夫死得早，她含辛茹苦地把三个女儿拉扯大。三个女儿出嫁了，她也干不动活，只好轮流到三个女儿家生活。可是女儿不孝，像推皮球一样把她推来推去，没有善待老人。一天清晨，在赶往三女儿家的路上，寒风呼啸中的老妈妈一路走一路伤心，眼泪随风飘扬，挂在树上凝结成冰，形成一条条树挂……女儿推门被眼前的雾凇惊呆了，更被与凇花交映的亲娘的苍苍白发触动了，忍不住抱住了老妈妈……

冰封时节，草木凋零，万物失去生机，而琼枝玉叶的婀娜杨柳、银菊怒放的青松翠柏千姿百态，让人目不暇接，流连忘返。吉林雾凇不仅让人大饱眼福，而且能将空气中危害人类健康的大量微粒吸附沉降到大地，因此被称作空气清洁器。但我觉得她更美之处在于能让人的心境更干净吧。

思考题

你知道这篇文章中提到的“中国四大自然奇观”是指哪四个吗?

答　案

江城树挂、昆明石林、长江三峡、桂林漓江并称为“中国四大自然奇观”。雾凇，是一种在中国北方和其他天气寒冷的地方出现的自然现象，产生了类似雪后的景观，非常美丽，犹如梨花盛开。昆明石林相对高度一般为 20 米、最高达 50 米，景观十分秀美，美在壮观，美在奇绝。三峡既有险峻壮观，又有幽深秀丽，风格多变。漓江则自古有“桂林山水甲天下”之誉。

小学五年级语文课本（上册）《滴水穿石的启示》一课中提到了一位伟大的发明家，他就是爱迪生。爱迪生的一生中，发明了许多东西，然而，能够立即得到人们的热烈欢迎的，却只有电灯。因为电灯的好处是人们看得见、摸得着的。它的出现，意味着人们又有了一轮太阳，人们的活动不再受到黑夜的制约了。下面我们就一起去看看爱迪生是怎样发明电灯的吧！

电灯的发明

早在1821年，英国的科学家戴维和法拉第就发明了一种叫电弧灯的电灯。这种电灯是用炭棒作灯丝的，虽然能发出亮光，但是光线刺眼，耗电量大，寿命也不长，因此很不实用。

“电弧灯不实用，我一定要发明一种灯光柔和的电灯，让千家万户都能用得上。”爱迪生暗暗下决心。

于是，爱迪生开始了漫长的研究之旅。他以极大的毅力和耐心，试验了1600多种材料。一次次的试验，一次次的失败，很多专家都认为电灯的前途黯淡。可是，面对失败，面对冷嘲热讽，爱迪生没有退却。他明白，每一次的失败，意味着又向成功走近了一步。

一次，爱迪生的老朋友麦肯基来看望他。麦肯基看到爱迪生玩命地工作，忧心忡忡地说：“先生，您可别累坏了身体！”

爱迪生望着麦肯基说话时一晃一晃的长胡须，突然眼睛一亮，说：“胡子，先生，我要用您的胡子。”

麦肯基剪下一堆胡子交给爱迪生。爱迪生满怀信心地挑选了几根粗胡子，进行炭化处理，然后装在灯泡里。可令人遗憾的是，试验结果也不理想。

“那就用我的头发试试看，没准还行。”麦肯基说。

爱迪生深深被老朋友的精神感动，但他明白，头发与胡须性质一样，于是他没有采纳老人的意见。麦肯基小坐了一会儿，就要告辞了。爱迪生起身，准备为这位慈祥的老人送行。他下意识地帮老人拉平身上穿的棉线外套。突然，他又喊道：“棉线，为什么不试试棉线呢？”

麦肯基毫不犹豫地解开外套，撕下一片棉线织成的布，递给爱迪生。爱迪生把棉线放在U形密闭坩埚里，再把坩埚放进火炉，用高温处理。棉线经这样炭化处理后，再取出来。爱迪生接着用镊子夹炭化棉线，准备将它装到灯泡内。可由于炭化棉线又细又脆，加上爱迪生过于紧张，拿镊子的手在微微颤抖，因此棉线被夹断了。最后，费了九牛二虎之力，爱迪生才把一根炭化棉线装进了灯泡。

此时，夜幕降临了。爱迪生的助手把灯泡里的空气抽走，小心翼翼地封上口，并将灯泡安在灯座上。一切工作就绪，大家静静地等待着结果。接通电源，灯泡发出金黄色的光辉，把整个实验室照得通亮。爱迪生和他的助手们无比兴奋，他们互相拥抱，互相祝贺。13个月的艰苦奋斗，试用了无数种材料，终于有了突破性的进展。

但这灯泡究竟会亮多久呢？

爱迪生和他的助手聚精会神地注视着灯泡。1小时，2小时，3小时……这盏电灯足足亮了 45 小时，灯丝才被烧断。这一天——1879 年 10 月 21 日，后来被人们定为电灯发明日。

“45 小时，还是太短了，必须把它的寿命延长到几百小时，甚至几千小时。”爱迪生没有陶醉于成功的喜悦之中，而是给自己提出了更高的要求。

于是，他又继续做试验。受棉丝试验成功的启发，他又试用了椰子鬃、麻绳等，结果都不尽如人意。

一天，天气闷热，爱迪生满头大汗，浑身都几乎湿透了。他顺手取来桌面上的竹扇，一边扇着，一边考虑着问题。

“也许竹丝炭化后效果更好。”爱迪生简直是见到什么东西都想试一试了。

试验结果表明，用竹丝作灯丝效果很好，灯丝耐用，灯泡可亮 1200 个小时。

后来，经过进一步试验，爱迪生发现用炭化后的日本竹丝做灯丝效果最好。于是，他开始大批量生产电灯。此后，电灯开始进入寻常百姓家。

这种用竹丝做灯丝的灯泡人们用了几十年。后来又对它进行了改进，即用钨丝做灯丝，并在灯泡内充入惰性气体氮或氩。这样，灯泡的寿命又延长了许多。我们现在使用的就是这种灯泡。

思考题

你知道爱迪生被称为什么吗?

答　案

世界发明大王

小学五年级语文课本（上册）有一篇课文《黄山奇松》，描写了千姿百态的黄山奇松，抒发了作者的喜爱之情。黄山以奇松、怪石、云海、温泉“四绝”闻名于世，而黄山“四绝”之一的怪石，以奇取胜，以多著称，其形态可谓千奇百怪，令人叫绝。黄山怪石从不同的位置，在不同的天气观看情趣迥异，可谓“横看成岭侧成峰，远近高低各不同”，它们或兀立峰顶，或戏逗坡缘，或与松结伴，构成一幅幅天然山石画卷。下面，就让我们赶紧去看看这些千奇百怪的石头吧！

黄山奇石

闻名中外的黄山风景区在我国安徽省南部。那里景色秀丽神奇，尤其是那些怪石，有趣极了。

先说说那有趣的“猴子观海”吧。从清凉台远远望去，有一只巨大的石猴，它两只胳膊抱着腿，蹲坐在山顶，仿佛在聚精会神地望着那翻滚的云海。它一动不动，神情十分专注，却带着一丝忧伤，似乎在等待着谁。可惜那山峰不能爬上去，不然我真想上去仔细看看。

再说说那雄伟的“飞来石”。这是一块高 15 米，重量达 500 多吨的大石头，上尖下圆，它好像从天上飞下来的一个大桃子，落在山顶的石盘上，因此也有人称它为“仙桃石”。它耸立在一个周围是悬崖峭壁的平台上，让人难以想象它是怎样上去的。

“仙人指路”就更有趣了！远远望去，真像一位仙人站在高高的山峰上，伸着手臂指向前方。

每当太阳升起，有座山峰上的几块巨石，就变成了一只金光闪闪的雄鸡。它伸着脖子，对着天都峰不住地啼叫。不用说，这就是著名的“金鸡叫天都”了。

黄山上千姿百态的奇石还有很多，像端庄秀丽的“仙女弹琴”，栩栩如生的“鳌鱼吃螺丝”，滑稽可笑的“猪八戒照镜子”，生动有趣的“狮子抢球”……那些叫不出名字的奇形怪状的岩石，正等你去给他们起名字呢！

思考题

你知道黄山有哪三大主峰吗？

答　案

光明顶、莲花峰、天都峰

小学四年级语文课本（下册）有一篇课文《苹果里的五角星》，课文启示我们：创造力，往小处说，就是换一种切苹果的方式。其实，早在很久很久以前，孙膑就明白这个道理，而且极富创新思维。下面，就让我们一起去看看那个著名的《田忌赛马》的故事吧！

田忌赛马

齐国的大将田忌，很喜欢赛马，有一回，他和齐威王约定，要进行一场比赛。

他们商量好，把各自的马分成上，中，下三等。比赛的时候，要上马对上马，中马对中马，下马对下马。由于齐威王每个等级的马都比田忌的马强得多，所以比赛了几次，田忌都失败了。

田忌觉得很扫兴，比赛还没有结束，就垂头丧气地离开赛马场，这时，田忌抬头一看，人群中有个人，原来是自己的好朋友孙膑。孙膑招呼田忌过来，拍着他的肩膀说：“我刚才看了赛马，威王的马比你的马快不了多少呀。”

孙膑还没有说完，田忌瞪了他一眼：“想不到你也来挖苦我！”

孙膑说：“我不是挖苦你，我是说你再同他赛一次，我有办法准能让你赢了他。”

田忌疑惑地看着孙膑：“你是说另换一匹马来？”

孙膑摇摇头说：“连一匹马也不需要更换。”

田忌毫无信心地说：“那还不是照样得输！”

孙膑胸有成竹地说：“你就按照我的安排办事吧。”

齐威王屡战屡胜，正在得意扬扬地夸耀自己马匹的时候，看见田忌陪着孙膑迎面走来，便站起来讥讽地说：“怎么，莫非你还不服气？”

田忌说：“当然不服气，咱们再赛一次！”说着，“哗啦”一声，把一大堆银钱倒在桌子上，作为他下的赌钱。

齐威王一看，心里暗暗好笑，于是吩咐手下，把前几次赢得的银钱全部抬来，另外又加了一千两黄金，也放在桌子上。齐威王轻蔑地说：“那就开始吧！”

一声锣响，比赛开始了。

孙膑先以下等马对齐威王的上等马，第一局输了。齐威王站起来说：“想不到赫赫有名的孙膑先生，竟然想出这样拙劣的对策。”

孙膑不去理他。接着进行第二场比赛。孙膑拿上等马对齐威王的中等马，获胜了一局。齐威王有点心慌意乱了。

第三局比赛，孙膑拿中等马对齐威王的下等马，又战胜了一局。这下，齐威王目瞪口呆了。

比赛的结果是三局两胜，当然是田忌赢了齐威王。

还是同样的马匹，由于调换了一下比赛的出场顺序，就得到转败为胜的结果。

思考题

你知道故事中提到的孙膑是谁吗?

答　案

孙膑是中国战国初期的军事家，兵家代表人物，是孙武的后代。孙膑原名不详，因受过膑刑故名孙膑。

小学四年级语文课本（下册）有一篇课文：《番茄太阳》。番茄其实就是我们小朋友都特别爱吃，也特别有营养的西红柿。不过，关于西红柿，还有一个十分有趣的小故事呢，你们知道吗？

西红柿的由来

西红柿也叫番茄，顾名思义，它来自“番邦”。在很久很久以前，由于它色彩极为鲜艳，一般都认为它是一种毒果。

相传番茄的老家在秘鲁和墨西哥，原先是一种生长在森林里的野生浆果。当地人把它当作有毒的果子，称之为“狼桃”，只用来观赏，无人敢食。当地传说狼桃有毒，吃了狼桃就会起疙瘩长瘤子。虽然它成熟时鲜红欲滴，红果配绿叶，十分美丽诱人，但正如色泽娇艳的蘑菇有剧毒一样，人们还是对它敬而远之，未曾有人敢吃上一口，只是把它作为一种观赏植物来对待。

据记载，十六世纪，英国有位名叫俄罗达拉的公爵在南美洲旅游，很喜欢番茄这种观赏植物，于是如获至宝一般将它带回英国，作为爱情的礼物献给了情人伊丽莎白女王以表达爱意，从那以后，西红柿在异国他乡的土地上被大量地种植，但只限于观赏。人们都把番茄种在庄园里，并作为象征爱情的礼品赠送给爱人，从来也没有想过把它作为食物吃下肚。

到了十七世纪，法国有一位画家面对番茄这样美丽可爱而“有毒”的浆果，禁不住诱惑，决心冒死尝一尝这“狼桃”果的滋味。他勇敢地吃下一口之后，感到酸甜可口，但想到人们的警告，仍不免心惊肉跳。于是，他穿好衣服躺在床上，鼓着眼睛对着天花板发愣等死。时间在焦虑、恐惧中慢慢过去，他却没有感到任何不舒服！怎么？他吃了一个像毒蘑菇一样鲜红的番茄居然没死！他咂巴咂巴嘴唇，回想起咀嚼番茄时那味道好极了的感觉，满面春风地把“番茄无毒可以吃”的消息告诉了朋友们，朋友们听了，一下子都惊呆了。12 小时之后，这位冒险的画家仍好好地活着，而且他发现：番茄不仅没毒，还会令人食欲大增。从此，他忍不住经常吃起来。不久，番茄无毒的新闻震动了西方，并迅速传遍了世界，而这位画家不畏牺牲、勇敢尝试西红柿的趣话也在各地传播开来。

从那以后，上亿人安心享受了这位“敢为天下先”的勇士冒死而带来的口福。到了十八世纪，意大利厨师用西红柿做成佳肴，色艳、味美，客人赞不绝口。番茄终于登上了餐桌。从此，番茄博得众人之爱，被誉为红色果、金苹果、红宝石、爱情果。

目前，番茄作为一种蔬菜，已被科学家证明含有多种维生素和营养成分，如番茄含有丰富的维生素 C 和 A 以及叶酸、钾这些主要的营养元素。特别是它所含的茄红素，对人体的健康更有益处，而一些水果如西瓜、柚、杏只含有少量的茄红素。所以，番茄是妈妈们最喜欢让孩子吃的蔬菜，而西红柿炒鸡蛋也成了家家户户餐桌上最常见的一道美味佳肴。

思考题

你知道人们为什么会称番茄为“爱情果”吗?

答　案

人们称番茄为“爱情果”，是因为此果真有如爱情一般的功效，可以让女孩子们更加美丽呢!

小学五年级语文课本（下册）有一篇课文《郑和远航》，讲述了明代航海家郑和七次下西洋的故事。提到航海家，不得不想到另一个人，就是葡萄牙航海家麦哲伦，他是世界上第一个做环球旅行的人。可是，在他们的旅行过程中，却发生了一件非常奇怪的事，就是他们居然把时间给弄丢了一天！

丢失的一天

1519 年 9 月 20 日，是人类值得纪念的日子。这天，葡萄牙航海家麦哲伦带领他的远航船队，从西维尔的瓜达尔几微尔河口出发，开始了他们历时 3 年环绕地球一周的远航壮举。

麦哲伦的船队由 5 艘备有枪炮火器的船组成。其中，最大的船是圣安东尼奥号，载重 120 吨；其次是特里尼达号，载重 110 吨；康塞普逊号，载重 90 吨；维多利亚号，载重 85 吨；圣地亚哥号，载重 75 吨。圣安东尼奥号虽然是最大的船，但由于它行驶起来不够敏捷，所以船队将特里尼达号作为旗舰。这艘船虽然小了一些，但船身结实坚固。这支船队的总载重量不到 500 吨，可在当时已经是相当大规模了。麦哲伦是这支船队的总指挥，船队共有 256 人。

此后经过 3 年差 13 天的艰难航行，维多利亚号率先于 1522 年 9 月 6 日，回到了出发地瓜达尔几微尔河口，9 月 8 日靠上了西维尔码头。再后来直到 1527 年，剩余活着的人才最后一批返回。至此，麦哲伦船队出发时的 256 人，除 31 人叛逃外只有 30 余人活着返回，完成了环绕地球一周的壮举。

这些航海家虽然完成了环绕地球一周的壮举，但是他们却真实地丢失了一天时间。他们明明从出发那一天起，每天都紧挨着记了日记，但记的日记却少了一天。他们大为惊奇自己怎么丢失了这一天，不可思议中便只有莫名其妙地去教堂进行忏悔，祈求上帝对他们的宽恕。

其实，他们的日记并没有记错，就是今天我们审看他们的日记，也不能说他们的日记有错误。根据西班牙人的记录，从麦哲伦的船队出发那一天算起，到维多利亚号返抵西维尔一共有 1082 天，可是船队的记录却只有 1081 天。那么，船队究竟是怎么丢掉日子的呢？原来，他们忽略了地球自转这个问题。地球总是在不停地自西向东旋转，一昼夜旋转一圈。由于他们是自东向西逆着地球自转方向航行，因而他们没有能把这一天计算出来。

类似这样的事情后来在 18 世纪又出现过一次。那是俄国移民到北美阿拉斯加，由于他们是顺着地球自西向东的自转方向航行的，因此就多出了一天。

思考题

为了避免再次发生这样的误会，你知道人们想出了什么办法吗？

答　案

1884 年 10 月，人们为了避免再次发生这样的误会，在美国华盛顿召开了“国际子午会议”，会议确定了一条“国际日期变更线”。这条线从北极起，通过白令海峡、太平洋，直到南极，线上的子夜即地方时间零点，为全球日期分界时间，全世界都以这个时间为分界线。从此，类似麦哲伦船队丢失日子的那种误会再也不会发生了。

敬告

《课本记忆》丛书收集整理了适合中小学生阅读的经典名篇，它们是孩子们成长道路上不可或缺的精神食粮。在本书编写过程中，得到许多作者的大力支持，在此表示衷心感谢。但是，由于篇目较多，出处无法一一考证；涉及的作品原作者面广，跨度大，无法一一联系上，更无从奉寄稿酬。敬请各位原作者（译者）或著作权人予以谅解，并与我们联系，我们将奉送样书并支付稿酬。

谨致谢忱。

联系电话：025－83283871

联系人：吕睿